何歳からでも学歴は変えられる

高卒社会人でも大丈夫

通信制大学を使って学歴ロンダリング

中浜 進一

はじめに

あなたの最終学歴は大卒でしょうか。

２０２２年12月に発表された文部科学省の学校基本調査によると２０２２年度の大学進学率56・６％で過去最高と記載があります。

この調査によると現在の学生の約半数以上が大学に進学しています。一方で半数に満たない状況ですが、大学に進学しない方もおられます。

理由は様々かと推測しており、高校卒業後は専門学校へ進学される方、企業への就職、フリーター、無職等、他には大学には進学をしたかったが、学力面や金銭的な理由で進学が叶わなかった方もおられるのではないでしょうか。

高卒から大学に進学し卒業された方にとっては、当たり前の大卒となる事が、それ以外の人には、それは当たり前ではなく、**人によっては大卒では無い事で何かコンプレックスや、働く際に待遇面や職業選択時に学歴面で、不利な状況を感じている方が一定数存在しているのではないでしょうか。**

あなたは通信制大学をご存じでしょうか。

通信制大学とは在宅を中心に学べる大学です。

主には教材をベースに自宅で学習を行い、インターネットも活用して大学講義の受講やレポートの課題提出、試験会場に出向いての単位取得のための試験、又は自宅で試験を受験し単位取得等を目指します。時にはスクーリングなどの対面授業に参加して卒業に必要な単位の取得を進めていきます。

私は高卒で働き始め、社会人になってから通信制大学に入学、卒業する事で大卒の資格を得ました。

通信制大学を卒業できれば、正規の大卒資格を得る事が可能となりますので、社会人になってからでも学歴は高卒から大卒に変えられます。

私は通信制大学を卒業し、転職先の選択の幅が広がりました。

また4年間の学習期間の中で勉強する習慣が身につき、仕事に対しての向き合い方に変化を感じたり、自身のメンタル的にも良い影響を得られました。

結果的に通信制大学で数年学んだ事によって、社会人になった私の人生を良い方向に変えてくれたと思っております。

通信制大学への進学を検討される場合、一般的な通学課程の大学に比べれば学費は安くはなりますが、それなりに単位を取得するためのお金は必要になりますし、学習時間の捻出の調整を行う事等、社会人の方は仕事やプライベートの都合を考えた学習計画を立てる必要があります。

文部科学省の調べでは、2021年度時点、日本で通信教育を行う大学数は44校存在しています。学部によって学べる事の違いや、目指せる資格、学費の設定も異なります。**自身の目的に応じた通信制大学選び等も考えなければなりません。**

様々な観点で検討が必要であり、自分の都合等も調整しないといけない事もありますが、私自身が感じているように学歴を変えるメリットは様々あります。

現在学歴が大卒ではない社会人の方で、通信制大学に興味を持たれており、学歴を変えたいと思っている方は、通信制大学への進学について検討されてみてはいかがでしょうか。

当書籍は通信制大学の全般について紹介を行い、そこに私の経験や見解を交えた内容でまとめました。

本書を通じて、結果的に通信制大学への進学が、今後のあなたの人生の選択肢の一つとして参考になるような形となれば幸いです。

中浜　進一

Contents

Contents

Contents

第一章

通信制大学とはどのようなものか

第一章
その１

通信制大学の概要

通信制大学とは何か

一般的な通学課程の大学だけではなく、大学には通信制も存在しています。

元々は１９４７年に施行された学校教育法によって制度化されました。この時期に全国で初めて法制大学で通信教育課程が開講。後の１９５０年に正規の大学教育課程として複数の大学が許可されました。

１９８１年にはテレビ・ラジオ方法による教育を提供している放送大学が誕生。

２０００年代よりインターネットを活用して、ｅ－ラーニングでの教育を提供する大学も出てきました。

２００７年には全ての授業についてインターネットを活用して行うソフトバンクグループのサイバー大学等が登場し学び方の多様化が進んでいます。

サイバー大学以外でも、通信制大学はインターネットを活用して学ぶ環境が整ってきており、場所を問わず学習を進めやすい状況です。

通信制大学は社会人等、働きながら大学を卒業したい人や、通学が難しい人に対しても教育の場を提供しています。

特徴として通学課程の大学よりも学費を安く学ぶ事が可能です。一方で自主的に学習を進めていく必要があるため、卒業をするためには学習の計画性や学習を継続していくためのモチベーションの維持が課題になります。

特に社会人の人は仕事も継続しながら、プライベートもとても忙しくされている方等、学びを進めていくための時間の調整は容易ではないと考えます。

学業に専念できる環境ではない中で、自身が抱えている様々な事情をやりくりしながら、数年間かけて学習を継続していく事となりますので、モチベーションの維持や、環境の変化の兼ね合い等も鑑みる必要もあり、通信制大学は卒業が難しい部分があると考えます。

一方で通信制大学の仕組みが合う人にとっては、通学が必要ではなく、自分のペースで学習を進める事ができるため、大学の選び方や学習の進め方次第で良い学びの環境にできます。私は自分のペースで学習できる部分等は、とても通信制の学習環境が合っていたタイプだと考えています。

高卒の社会人で進学を考えている人にとって、大卒資格を取得したい場合、例えば通学課程の大学で学びたい場合は、会社を辞めるか、うまく仕事の都合ができないと進学が難しい可能性が高いのですが、通信制大学であれば現職を続けながら大学卒業を目指しやすい仕組みだと考えます。

また現役の社会人に限らず、幅広い年齢層の人が学んでおり、年齢は10代~80代以上の人も在籍される等、日本全国、国内外問わず様々な年代がおられます。したがいまして、若い人に限らずどの年齢からも進学が検討できるので非常に門戸が開かれています。

現在学歴を変えたいという考えがある。ただ日常が多忙で、とても学ぶための時間を確保できないという人もおられると思います。

いつか時間が確保できたら進学しようか。しかしそのタイミングが数年後となると、その分年齢を重ねています。

もしかしたら自分が考えてる時期には、さらに多忙になっている可能性もあるかもしれません。進学についてはモチベーションが高い時が決断のタイミングだと私自身は考えています。

慎重に考えながらも、考えている間にも時間は過ぎていきますので、是非進学について前向きな検討をおススメしたいです。

履修方法の種類

通信制大学では履修方法の選択が可能となります。大学卒業を目指していく事や特定の学びを深めたい場合等自身の目的に合わせて学習方法を選択できます。

代表的な履修方法は正科生、科目別履修、特修生等です。

・正科生は学士の学位の取得を目指すものです。在学期間中に卒業要件の124単位以上修得を目指していきます。

・科目別履修は正科生のように学士の学位取得を目指す目的ではなく、一つ又は複数の授業を選択し履修ができます。

・特修生は学入学の資格要件は無く、一つ又は複数の授業を選択し履修できます。

通常大卒を目指す場合、正科生を選択して学んでいきますが、例えば複数の通信制大学で選択を迷っている場合大学側が提供の学習コンテンツ等が自分に合う、合わないといった点もあると思います。

また通信制大学によって、単位取得時の難易度も違いますので、科目別履修や特修生で学んでみた感触を確かめてから、正科生として入学する方法もあります。

学習の形式について

主な学習の形式は3つあります。印刷学習、インターネットメディア学習、スクーリング。

・印刷学習　テキスト教材を使った学習です。テキストより勉強した内容をベースにレポートの提出を行ったり、インターネットに繋がったPC等の端末で科目終了試験等を行います。

単位取得はレポート内容が認められる事と科目終了試験の両方の合格で単位を取得します。

またレポートの代わりに、小テスト等を実施している大学もあります。

通信制大学の卒業が難しい理由としてレポートの記述が大変といった点があるのでレポート

の課題が無い大学を選ぶのも手だと考えます。

例えば私が卒業をした日本福祉大学の通信教育部は単位取得については選択式の試験を受講する形となりレポート課題は不要です。（一部科目で実習課題提出等の可能性有り）

・インターネットメディア学習　インターネットを利用した学習方法です。自宅や外出先で、インターネットを通じて提供される学習用のコンテンツを利用して学びを進めます。

・スクーリング　一定期間、大学内や大学指定の場所で教員と直接対面して授業（講義や個別指導、実習、グループワーク等）を受講します。通信制大学にもよりますが、卒業に必要な修得単位数のうち、一定数の単位をスクーリングにて修得が求められます。

1年次入学者の場合30単位以上スクーリングで単位取得が必要なケースがあります。スクーリングを受講する場合、自宅から遠方の場合は交通費や宿泊費、受講するための時間の確保が必要となるので計画的に受講日程等を検討する必要があります。

私自身は通信制在学時、大阪に住んでいたのですが大阪のみならず東京、愛知、広島等の会場で土日開催のスクーリングを受講しました。

朝から夕方まで授業に参加するため、ついでに観光といった時間は捻出しにくいのですが、普段は顔を合わせ無い他の学生と話をする機会を得る事ができますので、お金と時間が工面できるようであれば参加をおススメしたいです。

スクーリング無しで卒業が可能な通信制大学もあります。例えば以下のような大学ではスクーリングをインターネット上での授業受講に置き換える事ができるためスクーリング（通学）が不要となります。

【例：通学が不要な通信制大学】

・北海道情報大学
・サイバー大学
・東京通信大学

・京都芸術大学
・武蔵野大学
・産業能率大学
・八洲学園大学
・人間総合科学大学　等　※資格取得のための実習等では現地での講義参加が必要なケース有り。

スクーリングに参加する事で、普段顔を合わせない人と出会えるメリットや同じ学生同士が集まって会話する事が可能となり、普段は足を踏み入れない大学に出向いてのスクーリングも開催されており、より**学んでいるという実感**を得る事ができます。

一方で会場へ移動や住んでいる場所やスクーリングの開催場所によっては宿泊が必要といった時間的な面や金銭的な面の負担が必要となる場合もあります。

この辺りはそれぞれの事情を鑑みて検討が必要となります。

第一章
その2

在宅を中心として学べる学校

自分のペースで学習ができる

通学制大学のように講義を受講するスタイルではなく、テキストやインターネット等で自分のペースで学習を進めていきます。

例えば受講科目別のテキスト等で学習した内容より、レポートの提出、単位を取得するための科目終了試験等を受験して合格を目指して単位取得を進めていきます。

科目終了試験は試験会場で受験、通信制大学の提供内容よってはインターネットで受験もできますので試験会場に出向く必要なく、自身の都合に合わせて学習できます。

通信制大学を卒業するためには、一般的に卒業要件として取得単位数が124単位必要となります。単純計算すると1年間に30単位以上×4年のペースで取得を行う形となります。

私の経験では4年で卒業を目指す場合、入学初年度が一番モチベーション高く学習を進められたため、できれば初年度に多めに単位取得をしておくと、卒業ができそうな実感を得られる等、後の学習が精神的に楽になります。

特に4年で卒業は考えておらず長期戦を想定の場合は、逆に初年度は単位取得数を抑えて継続重視で進める方法もあります。

通信制大学は自分自身の**学習に対してのモチベーション**が非常に重要になってきます。

気持ちを保ち続けるために、時には無理をせず休んだりしながら、ある時期は集中して学習を行ったり自身の状況に合わせて単位取得を進めていく。こういった柔軟な考え方が可能な事も通信制大学の特徴となります。

通信制のため自己学習が中心のため、人との関りが少ない、サークル活動や行事がなく、勉強以外の時間を大学に掛ける必要が少ないため、勉強に専念が可能です。

人間関係の部分は割り切って考えると効率的に学習を進める事ができます。

一方で人との関わりを重視しており、人と密に繋がりながら学生生活を送りたい方には通信制という環境が合わない可能性があります。

ただ人と関わりが無いわけではなく、通信制大学には学習についての相談窓口がありますしスクーリング（対面授業）では学びを共にする通信学生と接点ができます。

周囲との関係を構築する事は**自分でどこまで動くかで結果が変わる**形となるため、この辺りは通学制でも何も行動をしなくても人と繋がるわけではなく、通信制でも同様の部分があります。

通信制大学は人との繋がりが作れないから進学する選択肢から外しておくのではなく、**自分の行動次第で繋がりを作れる可能性**もあるという事をお伝えしたいです。

入学の難易度が高くない

通信制大学は、高校卒業等の大学入学資格を持っていれば入学資格があります。

入学するためには小論文の提出や面接等が必要な通信制大学もありますが、書類選考で問題無ければ入学可能のため、入学を目指す際の敷居は高くはないと考えて良いのではないでしょうか。

通学制の場合はセンター試験等を受験する必要があるためその対策の学習期間が必要となり、試験の結果によっては希望する大学に入学が叶わない可能性もあります。

また社会人の場合、周囲との年齢差を考えて受験の躊躇が想定されたり、日中に授業が開講される通学制大学に進学する事は、仕事やご家族が居る場合等、様々な事に影響があるため現実ではないと考えます。

会社を辞めて通学に専念する事について様々発生する可能性がある問題について対策を整理した上で周囲にも理解を得て、決めている場合は特段差し支えないかもしれませんが、普通に考えると会社を辞めると収入が途絶えます。

学費や生活費の問題等もクリアにする事や仕事のキャリアも途絶える事を考えれば単純な話とは考えていません。

一方で通信制大学の場合は、希望すれば高い確率で入学ができ、自身で学習時間もコントロール可能です。入学のための受験対策等に極力エネルギーを使わずに、入学先の検討に時間や思考に専念できます。

入学できるか定かで無い大学を色々調べて、結果的に入学したいと思って受験した結果、不合格となるケースもある事を考えれば、**通信制大学は入学したいと思えば、それが叶う可能性が非常に高い**ため合理的な面があります。

基本的には書類選考での入学判定の通信制大学が大半となりますが例えば早稲田大学人間学部e－スクールには入試制度があります。

出願のための必要書類の用意や志望動機書での選考や面接等を経て合否判定となります。ご参考に公式HPでの公表データではトータルの出願者数369名に対して最終合格者219名となり合格倍率は1・7倍です。このため希望すれば全ての方が入学できる形ではありません。

通信制大学全般としては入学の難易度は高くないのですが、一部の大学では記載の形で入学するためには努力が必要となります。

卒業の難易度は高い

文部科学省の公表の学校基本調査によると通信制大学の卒業率は平均15％程のため、卒業の敷居は高いのではないでしょうか。

自分のペースで自由に学習を進められるため、特に社会人の方などは学習のための時間を確保するなど工夫をしながら進める必要があります。

例えば平日残業が続いたり、負荷の高い仕事や仕事から帰宅後に家事をしたりお子さんが居たりする場合、平日に自身の勉強のための時間を確保する事が難しいと思われます。

ご家族が居れば休みの日も出掛けたり、用事もあるでしょうから、休みに集中して学習をするといった事も簡単ではないと考えます。

高い確率で大学に入学ができて学生生活をスタートできる。しかし誰もが卒業できるわけでない点が通信制大学の難しい所ですので、通信制だからといって甘く考えずに、卒業を目指していくのであれば継続して学習する強い意志や学習環境を整える必要があります。

例えば課題に対してレポートの合格が必要なケースがありますが、レポートの記述が苦手であれば、単位の取得が困難となる可能性もあります。単位を取得するための科目終了試験も合格できないと、単位の積み上げができない事になります。

基本的には、平均卒業率から鑑みて通信制大学の卒業は難易度が高いと考えていますが、一方で卒業率が高い通信制大学も存在しており、中には卒業率が50％を超える通信制大学もあります。

私が在籍をしていた日本福祉大学通信教育部も54・5％（２００４年度〜２０２１年度18年間平均）と卒業率が50％を超えています。

ご参考例として卒業率50％を超える通信制大学を一部ご紹介します。

・産業能率大学　通信教育課程　３年次編入学生：72・8％（２０２３年3月卒業生）
・東京福祉大学　大学学部通信教育課程　1年次入学：59・1％（直近5年間）
・東京未来大学　通信教育課程　55・2％（開学〜２０２２年度累積）
・他　人間総合科学大学　通信教育課程、サイバー大学　等

卒業率のパーセンテージの算出方法は大学毎に異なりますので一概に横並びで比べる事は難しいのですが、卒業率が高いと推測できるデータはあります。

一つの指標としてデータはありますが、卒業率が高いからといって、簡単に卒業できると安易に考えずに検討材料の一つとしては考慮しながら**様々な観点から入学を検討**頂くと良いと考えます。

第一章 その3

学費について

通学課程と比べて学費が抑えられる

通学制大学と比べて、通信制大学は学費を抑えられます。総額で100万円代や100万円未満の学費で収まる大学が大半となります。（一部400万円以上必要な大学有り）

通学制の私立大学の学費に関して、ご参考に文部科学省の「令和3年度入学者に係る学生納付金等調査」によると1年次の初年度だけで約135万（授業料、入学金、施設設備費を込み）との数字の公表があります。

こちらの公表内容では授業料が年間約93万、施設設備費が年間約18万となるため4年在籍でトータル400万円以上の学費が必要となる計算です。こちらの金額に比べると、選ぶ大学にもよりますが、通学制よりも必要を抑えて進学が可能となります。

通信制大学の学生は自力で学習を進めていく必要ある一方で、大学側としては経費を抑えて学びを提供できるため学生側としては通学制よりも安く大学で学ぶ事ができます。

高卒で既に働いている社会人の方で、家庭事情で大学費用の工面が難しく進学を断念した方も存在していると推測しますし、現在学生の方で進学費用が払えないため働く事を考えている方等、進学のための学費が抑えられる点は進学を検討する上での魅力ポイントになると考えます。

日々生きていると様々な場面でお金は必要になるため、できれば手元に少しでも預金等は残しておきたいものです。

私自身も進学当時は十分貯金が無い中で学費を工面しましたが、どこかに借り入れをしてまでの進学は考えていませんでしたので、学費を抑えて大卒の資格を取得できた事については大変満足をしており、個人的には有意義なお金の使い方ができました。

実際学費といっても何に費用が必要となるのか。以下に参考として必要な学費の例を紹介します。

【例：必要な学費】
・書類選考料
・入学金
・教材費
・授業料
・試験費用
・スクーリング受講料
・その他諸費用　等

各通信制大学のＷＥＢサイトに必要な学費例の記載があります。

一部の通信制大学ではＷＥＢサイト上で学費シュミュレーションができる機能も提供してお

り、必要項目入力して金額感の確認ができます。
金額の枠としては以下の形となります。

①総額100万円未満
②総額100万円代
③総額200万円以上（300万円代や400万円代）

③のように総額で200万円以上必要な通信制大学もありますが（例えば早稲田大学 人間科学部eスクールやビジネス・ブレイクスルー大学等）他の通信制大学は①②の金額枠に入る大学が大半のため、割合としては200万円未満の学費で収まる可能性が高いです。
具体的に志望されたい通信制大学が見つかった場合、詳細な学費については大学紹介のパンフレット等に同封の学生募集要項等に記載がありますので、そちらで詳細の確認を実施したり実際に大学側に問い合わせを行い、想定の予算感と認識に相違が無いかの確認をおススメします。

スクーリング以外の交通費が不要

通学する必要がないため、スクーリング以外は交通費がかかりません。

例えば通学課程の大学の場合、学割が使えるため金額的には抑られる形となりますが電車の定期代や、バスの定期代等が発生する可能性があります。

通信制大学の場合は、日常的に通学する必要がないため当然この辺りが不要となります。

一方でスクーリングでは交通費や、場合によって宿泊費が必要となります。

会場は主要都市で開催される形となりますが、通信制大学によって場所や数は様々となり必要経費も個人の現時点の住居に応じて変動します。

交通費の面だけではなく、**通学のための日常的な大学等への移動も不要**のため時間的にも効率的に学びを進められます。

働きながら学費を捻出できる

通常通学する必要が無く、在宅中心で学習ができるため社会人として働きながら通信制大学の学費の捻出ができます。

自身の裁量で学びをコントロールできるため、働きながら通信制大学で学ぶ事ができます。このため働きつつ学費も捻出ができる形となります。

社会人としてのキャリアも継続ができる点もメリットです。

中には学習に専念するために、一度会社を辞めるケースもありますが、再度働く事となった際も、時間的な制限を受けにくいため働く上での支障が少ないです。

状況によっては都合上、今の仕事を辞める場合、その際は収入が無い状態が想定されるため、場合によっては休学制度を利用する手もあります。

新たに仕事復帰をしてから、学業を再開する形も検討ができます。但し休学期間は、卒業要件として定められている修業年限には含まれない事や休学ができる年数（4年や5年等）は決まっており、連続で休学できる年数も制限が有り、念頭においておく必要があります。

他には、奨学金制度を利用できる可能性があります。

例えば日本学生支援機構（略称：ＪＡＳＳＯ）学生に対する奨学金事業や留学支援・外国人留学生の就学支援を行う独立行政法人です。

第一種奨学金（無利息）と第二種奨学金（利息付）の制度が有り基準が異なります。

必要に応じて、より詳細の情報は日本学生支援機構のＨＰをご確認下さい。

学費サポートプランとして教育ローンが利用できる可能性があります。

株式会社オリエントコーポレーションや株式会社ジャックス等で提携している大学もあります。

基本的には審査が通れば利用が可能となります。学費の手持ちがない場合、状況によっては、選択肢の一つとして考えておくと良いかと考えます。

場合によってはローン会社での審査に落ちる場合もあるため、ローンをあてにした計画を立てると後で困る事や、結局後から返済をしなければならないため、利用については慎重な検討をおススメします。

個々の経済事情によるため、難しい部分があるかもしれませんができれば自分の手元の資金を用意した上で進学をしたいものです。

第一章
その4

通学課程大学や夜間大学と同等の正式な大学

通信制大学は正規の大学

通信制大学は文部科学省が認定した正規の大学です。地理的な場所や時間的な制約がある社会人等に大学教育の場を提供しています。

通信制大学は正規の大学のため、もちろん卒業する事で通学制大学と同様に大卒になる事ができます。

入学の敷居が低い事、通信制という点や、実際は世の中に良く知られていないためもしかしたら卒業をしても大卒として認められないようなイメージを持たれている方もおられるのではないでしょうか。

私自身も通信制大学に興味を持ち、色々と調べて卒業までしたので、今では理解をしておりますが、当初は通信制の全容について把握が不十分でした。

卒業をして正規の大卒資格を得られるのか不透明等このようなイメージを持っている方に関して、重ねてお伝えしたい点として通信制大学は国が認めた正規の大学です。

１９４７年学校教育法により、通信制大学が制度化されました。

その後１９５０年に文部科学省によって、正規の大学教育課程として認可をされています。したがいまして73年以上も大学として認められている歴史があります。

大卒資格を取得したいと考えておられる進学希望の方はご安心下さい。

一般的には高卒後は通学制大学を志望される方が多い状況ですが、多いモデルケースとしては会社員として働きながら通うというよりアルバイト等をしながら、新卒として就職を目指す印象を持っています。

一方で通信制大学は働きながら学ぶ事ができるため、仕事のキャリアを中断せず既に会社員として働いている方も大卒資格の取得を目指す事ができます。

特にインターネットの環境が整ってきてからは、通信速度の向上や安定性も高まり、動画視聴面や大学側が提供するウェブサイトの充実、WEBでの試験対応等。**場所を問わず学習を進める事ができる**ため、通信制大学は非常に学びやすくなっています。

通勤する必要が無いテレワークという働き方が生まれて浸透しているように教育関連もインターネットの活用で場所を問わず学べる環境が整ってきています。

将来的にはさらに通信制大学の認知が広がり、大卒資格を目指される方はもちろんリスキリングとして働きながら学ばれる社会人の方等、これからも通信制大学は発展が期待できると考えています。

学位を取得でき大卒になれる

通信制大学を卒業すれば、文部科学省が認定の正規の大学のため通学制大学や夜間大学と同様に卒業する事で**学士を取得し大卒**になれます。

したがいまして大卒として就職活動ができますし、何か学歴の選考条件が大卒以上となっている場合も条件を満たす事となります。

現在高卒等の学歴で働いている方も、大卒になる事でより条件の良い仕事に転職ができる可能性を得る事ができます。

昨今は終身雇用という考え方も薄れて、転職も一般的になってきており、自力でキャリアを築き、学歴を変えようと思われる方も増えてきているのではないでしょうか。

私も何度か転職を経験しています。転職活動時に履歴書を書く際、初回の転職では高卒までの学歴しか書けなかったのですが、通信制大学を卒業後は、高卒以降の学歴を追記できた時は嬉しかったです。

あとは、モヤモヤしていた気持ちが消えた感覚がありました。

人によって学歴は特に気にしなくて良いという人もいるかもしれません。

例えば中卒で社会的に成功している人だと、中卒である事が逆にアピールポイントになるのかもしれませんし高卒でも同じような形です。ただ社会的に成功する事は簡単ではないですし社会の中でどこかに就職して働いていくのであれば、学歴は無いよりはあった方が良い思います。

人によって感じ方は違うかもしれませんが、高卒の状態よりも通信制大学でも卒業をしていると精神衛生上も良い方向になるのではないでしょうか。

年齢を重ねてから学ぶ事も良いですし、余裕ができたら考える事も悪くないかもしれません。

ただ入学を考えている間にも時間は流れていきます。

できれば今一番若い間に決断し、学びを進めていく方が、学歴を変えた状態で長く人生を生きられますので、個人的には学歴を大卒に変えたい気持ちがあるのであれば、早めに進学を決断される事をおススメしたいです。

卒業証書について

卒業証書の記載内容は大学によるため一概に言えませんが、「通信教育課程」という文言は入らないケースが多いようです。

私が保有している卒業証書も一見、通信教育課程だと分からない表記をされています。

例えば会社に入社した際に、卒業証書の提示が求められるケースがあります。

卒業証書からは通信制大学との判断が難しいため、履歴書等に通信教育部卒業等と書かなくても気づかれない可能性があります。

但し事実として卒業をしたのは通信制大学のため、履歴書等では正確な情報を記載した方が良いと考えます。

例えば私は以下のように履歴書には記載をいたします。

・○○年4月　日本福祉大学通信教育部　福祉経営学部　入学
・○○年3月　日本福祉大学通信教育部　福祉経営学部　卒業

この辺りの記載方法について気になるという方は所属する通信制大学に確認をして履歴書への記載内容を大学側に相談しておいた方が良いかと考えます。

卒業証書の受け取りについてですが、直接大学に出向いて受け取るパターンと自宅等に郵送してもらうパターンがあります。

通学課程の場合は、キャンパスでの4年間過ごした様々な仲間達との思い出を走馬灯のように振り返りながら卒業証書を受け取るのかもしれませんが、私は仕事の都合等もあり大学に出向く事が難しかったため郵送の方を選びました。

実際に卒業証書を手にした時は無事に卒業ができた事と、単位取得のための学習が一段落つき卒業当時は非常に安堵しました。

時々自宅の掃除をしている際に、卒業証書に気づいて中を開く事がありますが、当時の卒業証書を手にした気持ちが蘇ってきて、改めて頑張って卒業をして良かったと思う事があります。

第二章

通信制大学の選び方

第二章
その1

通信制大学に進学する目的は何か

通信制大学に進学する事で何を得たいのか

進学する事で何を得たいのか。大卒資格か、それとも専門的な資格か、もしくは教養として探求心を持って知識を増やす事か。**進学をする目的によって学び方が変わります。**

大卒の資格を得たい場合は、確実に卒業を目指せる通信制大学選びや卒業を目指しながらも、学習の難易度が高い通信制大学を選択する場合は卒業率が低い事が想定されるため、うまく単位を取得するための計画等も考える必要があります。

既に大学は卒業をしており学士を持っている場合で専門的な資格取得を目指すケースだと最低限必要な単位の取得を目指しながら、場合によっては実習の時間について工面を検討する必要があります。

自身の教養を深めたいケースだと、どの通信制大学で、どのような科目をどの程度の数を選んで学んでいくか、在籍期間の長さといった点が検討の判断ポイントになります。

通学制及び通信制ともに、教養や資格取得といった部分は検討の考慮点かと思います。

ただ主には通信制大学に関して、大卒資格を目指す方がメイン所だと考えておりますが、年齢層や従事している職業も幅が広く、多様な目的を持った方が集まっている場所となります。

例えば大卒資格を狙いたいが、早く学歴を変えたい場合は通信制短大を経て、3年次編入で大卒を目指す方法等もあります。

この場合、2年で短大を卒業でき、学歴を短期大学士に変えられますので、できる限り早期に自身の学歴を変えたいと考えている方は、このような学習パターンがあります。

私は主には大卒資格の取得を目的として進学し、4年間の学びの中で学習する習慣や本を読む習慣等がつきました。進学するまではこのような習慣はありませんでした。

元々本の読書は苦手ではなかったのですが、自分のライフスタイルに取り入れておりませんでした。このため大卒資格以外に自己学習の習慣が身につきました。

仕事を行う上で、物事を人に教えて頂く事もありますが、実務経験を積んでいくと自分で解決していく事も増えてきます。その点で自己学習ができると、成長スピードが上げられますので、仕事の面でもプラスに働きます。

学ぶ事は人によっては趣味としてや、生きがいとなる場合もあるでしょうから人生を豊かにする一つの手段になります。

私も現在学ぶ習慣ができ、学ぶ事の楽しさを感じています。

大卒資格を得ただけではなく、学ぶ習慣が身につき人生で非常にプラスになりました。

自分のライフスタイルを変化させる事はできるか

通信制大学に通う事は、そのために時間を確保する必要があるが、これまでの**自分のライフスタイルを変化**させる事はできそうか。

これまでの生活に学習時間、単位の取得試験時間、スクーリングの時間、資格取得を目指す場合は実習等の時間が必要となります。

状況によって仕事の都合を調整する必要がありますし、プライベートな趣味等の時間も勉強時間に充てる事が必要となる可能性があります。

例えば休み日に単位取得のための勉強や、単位取得のための試験を受験する時間を割く事もあるため一人の時間を確保したい等、家族や周囲の方に理解を得る等が必要となる事もあるかもしれません。

時間は限られているため、今忙しくしている方は、さらに忙しくできるか、もしくは予定の組み換えや、何かを辞める等ができるか今一度考えてみてはいかがでしょうか。

実際に通信制大学に入学してみたら、学習を進めるための時間が無いといった状態も考えられるため、今の自分のライフスタイルを変えてまで学習を継続できそうな状態か、実際に自身の状況を書き出す等を行い、シミュレーションを行う事をおススメします。

時間は限られているため、**何かを行うためには、何かを辞めたり、あきらめたりする必要もあります。**

私は朝方の人間でもあったため、睡眠時間を調整（早起き）して学習を進めました。通信制大学に進学する前よりも、入学した後は長く寝る事について辞めました。具体的には大体6時半に起床していた時間を、5時起きに切り替えました。

朝は頭が冴えており、自分は朝に勉強する形が合っておりました。

人によっては夜に勉強する方が捗る方もおられるでしょうし、個人毎に学習時間帯の好みが違う事は理解しておりますが、習慣化すれば早起きも慣れますので、**朝の勉強もおススメ**したいです。

朝の時間は脳が効率よく働く時間で、集中力が高まるゴールデンタイムとも呼ばれています。

また特に早朝の時間帯は家族が居られる方も、寝ている可能性が高く学習に集中できる静かな環境が想定されます。

朝の時間を有効活用して、効率的に学習を進める事も検討されてはいかがでしょうか。

現在時間的に余裕があり、何かやりがいや充実感を求めている場合は通信制大学に入学する事で時間を充実させられます。

生涯にわたって行う学習活動として生涯学習という言葉があります。通信制大学も生涯学習の一部だと考えており、学習を行う事は自分のライフスタイルを変えるきっかけにもなります。

２０１６年に京都造形芸術大学を当時96歳の男性が大学卒業の最高齢者としてギネス世界記録に認定された事があります。

勉強に終わりはない、まさに生涯学習を体現された方もおられる。

いくつからでも学習を始める事を遅いと思わず、意欲を持って学び続けたいものです。

第二章
その2

入学する方法と卒業要件

通信制大学に入学するには

入学するにはどのような手続きが必要となるか。

入学志願から実際の学習開始までを見てみましょう。

（学習開始までのイメージ）

1．入学して在籍する学生の種別を決定する
・正科生、科目別履修、特修生等を選択して決定
・大卒資格の取得を目指す場合は正科生となる

2. 入学資格証明の書類を入手する
・出身校より卒業証明書等を取得する

3. 出願の通信制大学の必要書類の入手
・出願を希望する通信制大学の書類を手に入れる

4. パソコン等の準備
・出願を希望する通信制大学で推奨している条件としてパソコン等での動作環境やインターネットの通信環境が要件を満たしているか確認を行う

5. 希望する通信制大学に出願
・必要書類等の準備やパソコン等での環境が確認が完了できたら通信制大学への出願を行う
・募集期間は決まっているため、期間に間に合う形で出願対応を進める
・入学時期は毎年4月と10月の2回

6. 選考結果の通知
・通信制大学側より選考結果の通知

7. 入学手続き
・入学金などの納入を行う

8. 履修科目の登録
・通信制大学のサイト等から履修登録

9. 学生書、教材等の受け取り
・入学が決まった通信制大学の学生書や履修登録した科目の教材の受け取り

10. 学習を開始
・通信制大学側が指定した学習開始時期後より学習を開始

11．学費の納入

・履修登録した科目に応じて学費の納入

通信制大学は様々存在しており、手続きについて一概に言えませんが、大まかな学習開始までのイメージはこのような形となります。

また入学時期については、多くの通信制大学では毎年4月（前期生）と10月（後期生）の2期を入学時期のタイミングで設けており、年間で2回入学のチャンスがあります。

学習開始までのイメージで記載している通り、出願期間が定められているため応募期限に間に合うように、必要書類は余裕を持った準備を行う必要があります。

ちなみに10月入学の場合の卒業時期は最短で卒業できる場合は4年後の9月です。

但し、大学によっては半年間在学を延長する事により年度末である3月（入学より4・6年後）に卒業できるケースもあるようです。

ご参考に同一の人物がA通信制大学とB通信制大学と両方に在籍するような二重学籍については禁止している大学もあります。

一つの通信制大学の在籍だけでは自分に合うか不安だからとか両方の大学に興味あるから、同時に二つに在籍しておこう等と考える場合は、自己判断で決めずに入学前に事前に、入学希望の大学側に二重学籍の考え方について確認をおススメします。

他言しなければ、もしかしたら気づかれないのかもしれませんが、何かのタイミングで発覚する等を考えるとメンタル的にも良くない影響が出る可能性があります。

無用な心配事は減らして、**できる限り集中できる環境を整えて**学習を進めていきたいものです。

通信制大学を卒業の要件は何か

卒業するための要件はどのようになっているのか。

通信制大学の卒業要件は、1回生からゼロベースの状態でスタートした場合4年以上在籍し、124単位以上の取得が必要になります。また124単位の内、30単位以上をスクーリングで単位修得するよう、大学通信教育設置基準で定めがあります。

但しオンデマンド科目等での単位をスクーリング単位とできる通信制大学やスクーリング無しで卒業を目指せるような仕組みを持っている通信制大学もあります。

個人的にスクーリングは普段顔を合わす機会が無い、所属する大学の教授や通信学生と出会うチャンスです。

特に都合上スクーリングは不要との考えであれば、スクーリングに出向く必要が無い、通信制大学を選ぶ選択もありますが、新たな刺激を受けたり人脈ができる可能性があったりするため、個人的には受講をおススメしたいです。

ちなみに卒業要件について短期大学を卒業している場合は3年次編入等が可能となり卒業まで62単位を取得が必要。

大学中退の方も、中退時点まで取得していた単位が入学予定の大学側に認められれば許可された単位を卒業に必要な単位に充当が可能となります。

また単位に関して通信制大学によっては保有している資格に応じて、単位申請が認められるため、許可された分の単位を取得した状態で学習を進められる可能性があります。

例えば、英検、TOEIC、TOEFL、簿記、ファイナンシャル・プランニング技能士、ビジネス法務検定、基本情報技術者　等々。

入学まで時間がある場合は、対象資格を調べておいて学習し取得しておく事で資格取得ができますし、将来的に大学での単位を得る事ができます。

まとめると以下となります。

・高卒で特に資格等を保有は無い方は一から単位を取得していき124単位取得を目指す。
・短期大学を卒業している場合は、3年次編入等が可能となり卒業まで62単位を取得を目指す。
・大学中退の方は、中退時点まで取得していた単位が入学予定の大学側に認められれば許可された単位を卒業に必要な単位の充当により、残りの単位の取得を目指す。
・保有資格に応じて申請して退学側で認められる事により単位に充当が可能となる。

卒業の要件となっている、124単位の取得を目指していく事になりますが、個人の状況によって、卒業までの労力を軽減できる可能性があります。

確実にゼロベースで卒業を目指す方以外で、単位認定の可能性があれば一度入学予定の大学側への相談をお薦めします。

第二章
その3

通信制大学の卒業率について

通信制大学によって卒業率に差がある

通信制大学によって卒業率に差があり、卒業率が高い大学と、低い大学もあります。例えば数％から50％を超える大学まで様々です。

文科省の学校基本調査によれば全体平均で15％程度との情報があり通学制全体の大学卒業率の90％程度に比べれば、圧倒的に低い数字となっており、個別の大学毎に見ていけば、卒業しやすそうな印象の大学もあるでしょうが、全体の平均卒業率でみると、通信制大学の卒業率は高くないと言えるのではないでしょうか。

卒業率の差はパーセンテージの算出方法が大学毎に違うため一概には言えませんが想定され

る理由としては以下が考えられます。

・レポート課題を主として単位取得を目指す大学と、レポート課題は少なく試験形式での課題対応が主な大学との違い
・単位認定試験が難しい大学と、優しい大学との違い
・卒業論文の対応が必要な大学と、卒業論文の対応が必要ではない大学との違い
・単位取得試験を会場で受験する大学と、インターネットを活用し受験できる大学
・スクーリングを受講しやすい大学と、スクーリングが受講しにくい大学との違い
・大学側のサポートが手厚い大学と、そうではない大学との違い

これらを踏まえて、例えば卒業率を高めるには以下のような観点で大学選びを行えば、卒業率を高められる可能性があると考えています。

・レポートの記述が苦手な場合はレポート課題が限りなく少ない事
・単位認定試験が易しい事

・卒業論文は不要である事
・インターネットを活用して単位認定試験を受験できる事
・スクーリングの場所やスケジュールが調整しやすい事
・大学側のサポートが手厚い事
・大学公表の卒業率が高い事

こういった点を考慮して大学選びをする事で、より卒業できる可能性を上げられると考えております。
もちろんご自身の元々の学力のレベルや、**どれだけ時間を投資できるかといった努力**見合いでも結果が変わってきます。

あと卒業率に影響する点としては個人的な環境の変化で学習の継続が難しくなるケースやモチベーションの低下等、学習を継続する上での問題となる要因は様々な可能性がありますが、外部環境としては卒業率を高める選択をしながら、内部環境として自身のメンタル的な面等の状況を整えて、学習を継続できるよう努力を行う事も必要です。

私もモチベーションの低下や転職等で新しい環境に適応する事に専念するためうまく学習が進まない時期がありました。

最低でも4年（既に短大卒を卒業されている方は2年）と長期間になりますので、様々な事と折り合いをつけながら学習を継続していく事となります。

卒業率だけで判断をしない

卒業が目的の場合、卒業率が高い事は一つの指標となると思われますが提供されている学習内容が自身に合っているか等、卒業率だけで選択を判断しない。

もちろん卒業重視であれば、卒業率が非常に重要な指標かと思います。

先ほど記載した形で、卒業を特に重視する場合は卒業率が高い通信制大学の中から選ぶ方法もあります。

但し、それはあくまで選択する指標の一つであって、絶対的な判断基準ではないと考えています。

継続して学習を続けるためには、自身が学びたい領域であるのかといった点も考慮すべきです。**興味が無い学習内容を長期間続ける事はモチベーションの維持が難しい**のではないでしょうか。

卒業率が低く公表されており、卒業の難易度が高いと思われる通信制大学についても自分が学びたい領域や、その通信制大学を卒業する事が自身にとってとてもメリットだと感じられる場合は意欲的に学習を進める事ができる可能性もあります。

せっかく学ぶのであれば、自分の教養を深めたり、スキルアップや卒業時の満足度も考慮できると尚良いです。

通信制大学の選び方としては様々な観点から検討が必要だと考えているため、卒業率だけで判断をしないという点も考慮点だと考えます。

卒業するまでの期間を想定しておく

場合によっては長期の在籍になる可能性もあるため、通信制大学を卒業するための期間を想定しておく。

例えば4年で卒業を目指したいや、4年は難しいと考えているが6年までには卒業したい等こういった具体的な学習年数の目標を持って学習計画を検討したいものです。

一方で社会人の場合は入学当初は順調に単位を取得できていても仕事が多忙な状況が続いたり、自身のプライベートな環境の変化、またはモチベーションの低下等で学習の時間の確保が難しくなったり、学習が進まず単位の取得できない可能性も出てきます。

このため1年次より入学した場合、通信制大学によって異なりますが一般的には8年間〜最大で12年間は在籍が可能となるため長い期間を見ておいた方が無難です。

但し在籍期間ギリギリでの見込みとなると、最終年に単位不足となった場合にリカバリーができないためこの辺りは考慮の上での計画としたいです。

自分のキャリアアップや転職を実現するために、必ず4年で卒業しないといけない等の理由が無い場合は長い目で卒業を目指すと、挫折を回避できる可能性が上がると考えます。

4年間で卒業を想定する場合、先に記述した大学選びをポイントにしながらモチベーションを維持しつつ学習を続けていく必要があります。

例え目標通りに事が進まなくても、長期戦も覚悟をして是非通信大学に入学して人生を前に進めようとした自分に誇りを持って、あきらめず粘り強く目標に向かって進んでいきたいものです。

第二章
その4

通信制大学で何を学べるのか

学べる学習分野について

学べる分野は様々です。通信制大学では、例えば以下のような学部があります。

（順不同：参考情報）

・情報マネジメント学部：産業能率大学、東京通信大学
・法学部：中央大学、近畿大学
・現代社会学部：大手前大学
・ＩＴ総合学部：サイバー大学
・人間科学部：人間総合科学大学
・心理・福祉学部：聖徳大学

・こども心理学部：東京未来大学
・現代社会学部：大手前大学
・経営情報学部：北海道情報大学
・福祉経営学部：日本福祉大学　等
・芸術学部：京都芸術大学

通信制大学に応じて、ＩＴ、法律、社会、福祉、心理、芸術等、幅広い学部と学習プログラムが提供されており、自身が専門的に学びたい領域により、専門知識を身に付けられます。学部が異なる事も有りそれぞれの専門学部を卒業する事で取得できる学位も異なりますので、学んだ領域の専門知識の対外的なアピールができます。

私は福祉系学部を選んで学びを進めました。

仕事として従事はしていなかったのですが、少子高齢化社会の日本にとって福祉を学ぶ事は有益だと考えた事や訪問介護員の資格も取得しており、介護施設等での自習も経験していた事等大卒資格を取得するために自分が興味ある領域が良かったため志望しました。

福祉については何か人のためになる事を支援するという簡単なイメージは持っていましたが初めて本格的に学ぶ領域の学習であったため学び始めた当初は内容が頭に入らず、学習を進めていく事に苦労をしました。

始めは在宅にてコツコツ教材ベースで学びながら、通信制大学入学後しばらくしてスクーリングに参加をしました。

その際のスクーリングのテーマがターミナルケア（余命わずかな方に対して行う医療・看護的、介護等のケア）だったのですがテーマを基に参加者でグループ議論をした際、私は働いていた仕事は福祉関連ではなかったためターミナルケアについて持ち合わせている経験や知識が無く、自分なりの意見が出せず歯痒い思いました。

ただ、学習を進める中で知識の蓄積が進み、徐々にスクーリングでも色々発言もできるようになる等、自身の知識の深まりを感じました。。

恐らく実務経験が無い中でも、自分も福祉系の大学で学んでいるという事が自信にも繋がったからだと考えています。これは他の領域を学んでも通じる部分があるのではないかと思います。

自分が詳しく知っていたり、得意な事は話せるのは当たり前かと思います。

一方で、知らない事でも何がわかれば人と議論ができるのか。**自分が知らない部分を知る。**そして知らない事を調べたりしながら少しずつ考えを深める学習を行いました。

学習当初は苦労するかもしれませんが興味があれば、視野を広げる観点で自分のこれまで学習してきた事や経験と違うような領域へのチャレンジもおススメをします。学んでいるという事実が自分の成長にも繋がります。

取得可能な資格について

通信制大学では必要な単位を取得する事により、資格取得が可能であり、特定の資格を取得するための受験資格を取得する事ができます。

（順不同：参考情報）

・保育士：聖徳大学
・図書館司書：近畿大学、玉川大学
・公認心理師：放送大学
・社会福祉士：日本福祉大学、東北福祉大学　等
・社会福祉主事：日本福祉大学
・建築士：愛知産業大学、京都芸術大学　等
・精神保健福祉士：聖徳大学、中部学院大学　等
・認定心理士：東京未来大学
・教諭免許：星槎大学（幼稚園）、ＩＰＵ・環太平洋大学（小学校）、帝京平成大学（中学・高

校）、明星大学（特別支援）等

例えば記載のような資格を必要単位の取得や実習等で、資格取得や資格を取得するための受験資格を得る事ができます。

ご参考に私は社会福祉士主事任用資格について大学卒業で得ました。

試験の受験は不要で、20歳以上で、指定科目を修了すれば誰でも取得ができる資格です。

社会福祉主事は、都道府県や市町村に設置された福祉事務所のケースワーカー等で任用されるための資格となりますが社会福祉施設の職種に求められる基礎的資格としても準用がされている資格です。

福祉施設で働く機会が無ければ、活用する場面は無い資格でありますが、このように必要単位を取得する事で、得られる資格もあります。

他には図書館司書も同じような流れで、必要単位を取得し大学を卒業する事で資格取得ができます。

大卒を目指しながら専門資格を目指す場合、資格によっては一定期間実習への参加が必要となります。

日数にもよりますが、働いている場合は取得予定の資格に応じて仕事を休んだりする事も考えなければなりません。

例えば社会福祉士であれば現場での実習時間は240時間以上必要のため、1日8時間換算でも30日です。平日での実習と考えた場合、現在の職場に理解を得たり、有休を活用したり様々な調整の実施が想定されます。

もう一つ参考に教諭免許では幼稚園、小学校、中学校、高等学校、特別支援学校等の免許がありますが、免許取得のためには現場での一定期間の教育実習がありますので、例えば以下の期間が必要となります。

・小学校：約4週間

・中学校：約３週間
・高校：約２週間
・特別支援：約３週間

通常学校は平日に授業が行われるため、教育実習に参加するためには現在仕事に従事している社会の人の方は、自身の仕事の都合の兼ね合いも考慮する必要があるのではないでしょうか。

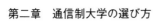

第三章

通信制大学の学習方法

第三章
その1

在宅での学習

印刷学習

主に在宅での学習を進めていきますが、印刷学習として通信制大学から提供されるテキスト等での学習を進めていきます。

昨今では印刷テキストではなく、電子テキスト（ＰＤＦ）での提供を行っている通信制大学もあります。

以前は手書きレポートの提出等が主流でしたが、現在はインターネット環境に移行が進んでいます。

抑々レポートとは、申請科目ごとに出されたお題に沿って学習した内容を文章にまとめて大学側に提出を実施。提出後は提出した内容より理解度等が判断されて合否が判断されるものです。

このレポートを書くために、テキスト等で学習を進め、インターネット上で記述したレポート課題の提出並びに合格。

科目終了試験の実施を行い合格していく事で単位を取得していく通信制大学が有ります。したがいましてレポートと科目試験両方の合格によって単位の取得となります。

例としてレポート提出についての流れを記載いたします。

・レポート作成（各科目に応じて対応）
・レポート提出（郵送もしくはインターネットを活用し提出）
・提出レポートに対しての添削と評価（教員等による添削と評価）
・合格　ｏｒ　不合格

・再提出の場合、内容を修正し再度提出し合格を目指す
・レポート合格後に単位取得のために別途試験受験
・試験の合否（合格であれば単位取得、不合格ならば再受験）

レポートの文字数は通信制大学や科目で異なりますが、大体数百文字から2，000字程度となります。一度提出したレポートが不合格の場合、再提出を進めていきます。

但し何度でも提出が可能ではなく、通信制大学によって異なりますが2～3回まで等と回数の上限があります。

規定のレポート提出回数内で合格ができない場合は、その科目は不合格となります。

レポート合格後も単位を取得するには大学側で一定期間スケジュールされた期間の中で実施される科目試験に合格する事が必要となります。

パソコンでレポート作成を行う際に、一般的にはMicrosoftのオフィス（Word、

Ｅｘｃｅｌ、ＰｏｗｅｒＰｏｉｎｔ等）を使う形が想定されます。
在学中に限りＭｉｃｒｏｓｏｆｔ ３６５の無償提供や学割価格での利用提供をしている通信制大学もあります。

仮にＭｉｃｒｏｓｏｆｔのオフィスの購入を予定されている方は、事前に進学予定の通信制大学に在籍期間Ｍｉｃｒｏｓｏｆｔオフィスソフトの無償提供があるのか、もしくは無償までは無くても学割価格での提供を行っているのか、確認をおススメします。必要経費の節約ができる可能性があります。

レポート提出が無く、選択式等の試験合格が科目課題のケースもご紹介します。

・選択形式で出題される試験を実施
・合格　ｏｒ　不合格
・不合格の場合は、再試験。合格の場合は別途単位取得のための試験に合格により単位取得科目試験の受験可能な回数は様々です。

1回目で不合格だった場合は、再受験が可能となりますが、レポート課題の場合と同様、受験回数は様々でトータル4回受験可能な大学もあれば、6回まで可能な大学もあります。

私はこちらの学習形式がメインの通信制大学にて学びました。

レポートの記述は文章力のアップや論理的な思考を向上に役に立ちますが、文章が苦手な人にとって長文を論理的に記述する事はハードルが高いです。

試験を受けるよりも文章を書く方が良いと考える方もおられると思います。

こちらについては個人差がありますので、自身の向き不向きでレポート中心で課題を進めていく方式か試験中心で課題を進めていく方法かご検討下さい。

私は個人的には長文のレポートを書くよりも、問題を解く方が向いていると感じていたのでレポートの提出ができる限り少ない通信制大学を選択しました。

インターネットを活用した学習

インターネットでの動画視聴やレポート提出、課題対応等にて学習を進めていきます。単位取得の試験もインターネット上で行える通信制大学もあります。

オンデマンド授業の受講で、スクーリング単位として認められる通信制大学もありますので、スクーリング会場での受講が難しい方は、こちらの方法で単位取得を進めていく方法もあります。

個人的にはスクーリングでは同じ通信制大学の学生との出会い等もあり、参加をおススメしますが、スクーリングの開催時期と自身の都合合わせは働いていると色々と工面が必要となります。

住居から会場までが遠方の場合は時間や費用面の負担も大きくなるため割り切ってスクーリング会場には行かずに卒業を目指すという選択肢も方法として考えられます。

通常の学習はインターネットを活用するため、自信の都合に合わせて場所を気にせず学習を進める事ができる利点がありますし、通信制大学の提供するサイトの掲示板等で大学側が提供する情報を入手できたり、不明点や相談等についてメール等でも問い合わせを行えます。

紙のレポート用紙に手書きでまとめ、内容をまとめたレポートを封筒に入れて郵送、その添削結果を受けて、場合によっては再提出等を経て、さらに会場で試験を受ける従来の方法から、インターネットがつながる環境があれば、場所や時間を気にせず学習を進められる現在、以前よりもインターネットの通信速度も向上していて接続状況の安定してきている事。

また昨今はＷＥＢ会議システム（Ｚｏｏｍ、Ｔｅａｍｓ）等の活用も進んでいるため通信制大学での学習環境が整ってきている感覚があります。

ご参考に学習を進めていくために以下の環境の準備が想定されます。

・パソコン

・インターネット環境
・ＷＥＢカメラ（ＰＣ内蔵型であれば不要）
・プリンター
・タブレット　等

インターネットを活用して学習を進めていく上で、**パソコンとインターネット環境は必要となります。**

ＷＥＢ会議システム（Ｚｏｏｍ、Ｔｅａｍｓ）等を使う場面を考えると、ＷＥＢカメラも合った方が良いです。プリンターでも必要に応じて印刷できると良いです。

タブレットはパソコンがあれば必須ではないかと思いますが、電子テキスト（ＰＤＦ）の閲覧の際に活躍が見込まれます。あと外出先の動画視聴等でも活用シーンがあります。

インターネット環境の補足として、動画視聴やＷＥＢ会議システム（Ｚｏｏｍ、Ｔｅａｍｓ）

で通信の安定性が良い方がストレスなく学習を進められます。
ネット回線をＷｉｆｉルーターで経由して利用している場合、古いルーターを使用しており通信速度や安定性に欠ける場合があります。私も以前自宅の通信環境に不満を感じていましたがルーターを変えたところ、通信速度や安定性が上がりました。

ネットは繋がるレベルで良いと考えている方も、**よりスムーズに学習を行うため新しい端末を検討する等、インターネット環境を整える事**もおススメします。

メディアを活用した学習

ＴＶやラジオ等のメディアを活用して学習を進めていく通信制大学等もありますので一部ご紹介いたします。

１９８１年に創設された放送大学です。
文部科学省・総務省が所管で、放送大学学園が運営しています。

テレビやラジオなどを通じて学べる専門チャンネル提供しており、ＢＳデジタル放送やＣＡＴＶで視聴する事が可能で放送内容の確認が可能なため入学前に提供コンテンツが自分の期待に合っているか確認ができます。

また特徴として、全国に50か所の学習施設が設けられており、放送授業の視聴やスクーリングの受講等が可能です。。

単位認定試験はインターネット上でＷＥＢ受験方式にて実施可能です。ＷＥＢ受験が困難な場合は申請によって学習センター等で受験も可能となりますので全国に学習施設がある利点が活かされています。

卒業までの学費については放送大学のＷＥＢサイト上で約77万円と記載があります。内訳については、現時点（２０２３年11月）で1単位当たり６，０００円。６，０００円（1単位）×１２４単位＝７４４，０００円。

入学料は大学卒業を目指す全科履修生場合は24，000円のため744，000円（124単位）＋24，000円（入学料）＝768，000円（約77万）となります。

他にはスクーリングでの交通費等は必要とはなりますが大卒資格を取得できる事を考えれば、個人的にはリーズナブルに感じます。

また放送大学では、教養学部の全コース（全6コース）を卒業した方で、人物面や学習態度より良好と認められた生徒に「放送大学名誉学生」の称号が付与され表彰されるようです。普通に卒業するだけも立派な事ですが、時間を掛けて学びを深められる方もおられるようで私自身は尊敬の念を抱かざるを得ません。

通信制大学と言えば放送大学は知名度が高い印象で、私も入学を検討した通信制大学の一つになりますので、ご参考に概要をご紹介しました。

第三章
その2

スクーリング（対面形式）での学習

大学や大学の指定場所での授業

在宅学習だけはなく、スクーリング（対面授業）等でも単位取得を実施。場所は大学構内、又は大学が指定した場所での授業が行われます。

通信制大学によって実施場所は異なりますが、例えば関東であれば東京、神奈川、埼玉、関西であれば大阪、兵庫、京都等、他、岡山、広島、福岡、沖縄等全国の都市でスクーリングが開講。

事前に日程等の年間経験が立てられているため自身の都合を確認の上、行きたい会場選びができます。

スクーリングの開催日程は様々となり、開講時期や場所等を区別するために、春期・夏期・秋期・冬期・夜間スクーリング等と区分けされています。土日の2日間での開催や平日でも開催されており、時期や頻度は大学によって様々です。

スクーリングでは大学の教員から直接講義を受ける事ができますので講義の中で疑問点等があればその場で質問等も行う事が可能です。

講義だけではなく、他にはグループでのワークショップや討論が行われます。

通常は在宅中心の学習で通学する機会が無く、在籍している通信制大学への通学はありませんが、スクーリングでは在籍している大学に足を踏み入れる事ができるので良い機会にもなると考えます。

私も在籍した大学には一度は訪れたいと思い、住まいの大阪府から大学がある愛知県まで電車と新幹線を乗り継ぎ、ホテルに泊りでスクーリングを受講しましたが、**普段大学は足を踏み**

入れない場所であるため、非常に高揚した気分を味わう事ができました。

ただスクーリングは交通費や宿泊費が発生しますので、少しでも交通費を節約する手段として、ご参考にスクーリングの受講や科目修了試験等を受験するために公共交通機関を利用する場合学割の利用が可能である事をご紹介いたします。

交通費の学割利用に関して注意するポイントです。

・学割の適用期間はスクーリング受講期間や試験実施期間等の特定に期間。
・利用区間の片道が１０１キロ以上である事
・所属する通信制大学が発行する「学生・生徒旅客運賃割引証」（学割証）が必要

単位を取得するための学費面は一定額以上必ず必要にはなりますが、公共交通機関を利用時の交通費はご紹介した形で、学割を利用できる可能性がありますので活用頂ければと考えます。

卒業の要件としている大学もある

卒業のため124単位以上修得する中で30単位以上をスクーリング単位取得が必要となります。この内容については法令で定められているためです。

但しスクーリングについては現地での対面式ではなく、インターネットを活用する事で、スクーリング単位に置き換えができる通信制大学もあり、通学不要で卒業とも宣伝があります。

このような大学は単位認定試験もネット上で受験ができるため、スクーリングも現地参加が不要となると、完全にインターネットの活用のみで卒業に向けて進められます。

スクーリングで現地での対面形式の参加については、開催地まで遠方で交通費や宿泊費が高額となる場合や、現在住んでいる場所によっては通学ができない方もおられると思うので、通学が不要で全てインターネットで完結できる通信制大学を中心に入学検討されても良いかと考えます。

例えば移動のための経路の検討や宿泊先についても空きを調べたり、値段を比べたり、会場までの距離を考えてたり、場合によって宿のサイトで部屋の雰囲気を写真で見たり、色々な手間が掛かりますが、この辺りも検討不要となりますので、スクーリング以外の自分の都合に時間を割けます。

普段顔を合わせない通信学生と出会える

スクーリングでは普段出会わない様々な職業や年代の通信学生等と交流ができます。

自身の行動次第ではありますが、スクーリング会場で出会った方との交流で繋がりができ、学習についての情報交換等ができる可能性がありますので、新たな人間関係の構築ができます。

もちろん繋がりが不要であれば、普段は顔を合わせが無いため、スクーリング会場だけでのコミュニケーション等、その場限りの出会いとする事もできます。

一方でもし人との繋がりを作りたいのであれば、入学初年度にスクーリングをいくつか履修する事をおススメします。

早い段階から学習に関しての相談や交流できる相手を見つけられると、その後の学生生活で互いにフォローができるからです。特に入学初年度は不慣れな事も多いかと考えますので、先に入学をしている先輩方から色々と教えてもらえる事ができますし、同級生ならば、同じ目線で交流もしやすいのではないでしょうか。

場合によっては学習面だけではなく、従事中の仕事に関しても何か協力関係ができるかもしれません。

通学制であれば学生同士の交流が学生生活の一つの醍醐味ですが、人との付き合いの部分が薄いと孤独感を感じたり、繋がりを作ろうと焦ったりする事も考えられます。

その点で**通信学生は人と繋がりにくいデメリットについては大卒の資格を取るために、学習に専念ができる**と考えており、元々周囲との関係構築を求めていない人にとってはメリットになる部分があります。

人によっては、必ずしも友人を作って学生生活を充実させたいと考える人ばかりではないと思うためです。通学制では周囲の人間関係に馴染めずに、大学を辞める方も一定数存在すると考えられます。

そういった意味では通信大学の人と普段交流が少ない部分は、デメリットとは言い切れません。また通学制であれば、同年代の学生同士と交流ができる点が特徴かですが、通信制は世代を超えてコミュニケーションを図る事ができます。

目上の方から学ぶ事があれば、逆に自身より若い方から気づきを得る場面もあるのではないでしょうか。

他、昨今ではビデオ会議（Ｚｏｏｍ等）上でのスクーリングの実施もあります。

例えばＺｏｏｍはブレイクアウトルームという機能があり、ミーティング参加を数名単位の少人数のグループに分けて、コミュニケーションが行える機能がありますので、グループワーク等の実施が可能となります。

このようなオンライン上でのグループワークの場で関係が繋がるケースもあります。ただ個人的な感覚では、リアルに対面して話す事と比べると個別での雑談が難しい面や、お互いに印象に残りにくい点があると感じており、リアル参加に比べると人との繋がりが作りにくいと考えております。

自身の目的や都合に合わせてリアル参加やＷＥＢ会議参加等を判断頂くと良いと考えます。

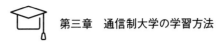

第四章

通信制大学に進学するメリットとデメリット

第四章
その1

通信制大学に進学するメリット

学費を抑えて大卒や資格取得ができる

通信制大学は通学課程に比べると学費を抑えて大卒や各種資格取得ができます。

社会人の方や、独身の方、既婚者の方、さらにお子さんも居られる方など、普段の生活でもお金が必要な状況の中で、さらに学費の捻出となるとそこまでの金銭的な余裕も無い方もおられるのではないでしょうか。

その点で**通信制大学は、通学制大学に比べて学費を抑えて学習**できます。

私自身も働きながら、日本福祉大学通信教育部を卒業するにあたり学費を捻出しましたが、スクーリングでの必要経費（交通費／宿泊費）含めてトータル１２０万程で卒業ができました。
ＷＥＢサイトの学費モデルで卒業までの４年間の学費の概算が９６７，９４０円（入学金、教材費含む授業料、保険料等含む）との記載があります。スクーリングの必要経費は個人の状況によって変動する形ですが、公表されている学費と近しい形と考えております。

私が卒業した大学は記載した学費とはなりますが、進学する通信制大学によって設定されている学費は異なるため進学先によっては、さらに学費を抑えて卒業も可能です。

金額的にはトータルで１００万以上は必要とはなりますが、通学制と比べると、費用面を抑えられたため個人的には支出した金額については満足しています。

できるだけ年齢が若い内に、学歴を大卒に変えておけば、将来的に十分回収できる金額ではないでしょうか。

精神的な面でも学歴が気にならなくなる等、プラスに働く事も考えられ様々な点で投資対効果は大きいと思います。

学歴を大卒に変えたいが、お金の出費があるため進学を躊躇する方もおられるかもしれません。

学費はけっして安い金額ではありませんので、十分に検討するべきだと考えます。ただ長い人生で考えた時に、**大卒になっておく事は対外的にも、自分自身の精神的にも良い方向に向かうと考えています。**もしお金の工面ができるようであれば、進学へのチャレンジをおススメしたいです。

日常的に通学する必要がない

通学課程の場合、例え遠方であっても大学まで通学する必要がありますが、通信制のため日常的に通学する必要がありません。

特に社会人であれば、もし通学が必要な場合は現業との兼ね合いがあるため、仕事を早めに切り上げたり、様々なプライベートな予定等も調整する必要が想定されますので、色々と周囲に気を遣う場面が想像されます。

短期間であれば良いかもしれませんが、長期間気を遣う環境下での学習はかなりのストレスになるのではないでしょうか。

その点通信制であれば、自身の都合で予定をコントロールができますので、大学等の学習会場までの移動の時間は気にする必要がありません。

このため通学の必要が無いため、金銭的にも交通費が不要な事もメリットです。したがいまして時間的な面と金銭的な面で、通学制に比べると優位な点があると考えています。

記載の形で通常は通学する必要はありませんが、自宅等から在籍している大学が近い方限定となりますが、付属の図書館等の利用ができるため、施設を活用する事で、調べ物を行ったり、学習に役立てる事ができます。また施設の利用を通じて学生として在籍している事も実感できるのではないでしょうか。

学割等が使える

通信制の大学も在籍をしていれば学生となるため、通学課程の学生と同様に学割が使えます。

例えば以下のようなものに学割が適用されます。

・携帯電話料金
・パソコン購入費
・タブレット購入費
・映画館入場料
・テーマパーク入場料
・旅行（宿泊費等）
・スポーツジム利用料

・レジャー施設入場料
・マイクロソフトオフィスソフト購入費　等

こちらは参考情報のため一例ですが、様々な場面で学割の恩恵を受ける事ができます。
私も在学中は学割を活用してスポーツジムや映画館を安く利用できました。

社会人の方でも通信学生になる事で学割の使用可能は意外だと感じる方もおられるのではないでしょうか。

基本となる大学に在籍するための学費は必要となりますが、学割の使い方次第で、他の本来払わなければならない正規の代金をお得に利用や購入ができます。
大学に在籍している学生の間だけですが、それでも在籍している数年間は学割が利用できる事は、金銭的にはメリットです。

お得になるからと言ってお金の使い方には注意が必要かもしれませんが、賢く権利を利用して施設の利用や買い物等に活用したいものです。

自分で学習計画をコントロールできる

個々のペースで学習ができるため、学習計画のコントロールができます。

例えば年間で、どの程度の数の単位を取得するか、どの科目から勉強を始めるか。何年で卒業を目指すのか等、自分で日々の学習計画を立てる事ができます。

通学制と比べた場合、通常の授業の開講時間を決まっている場合、その時間に合わせて都合に間に合うように行動する必要がありますが、通信制の場合は自分のその時の自身の都合やその時のモチベーションに応じて選択をしながら学ぶ事ができます。

仕事の出勤前の朝の時間を有効活用して、朝早く起きて単位取得のための学習をしたり、仕事から帰宅後に学習や、土日に集中して学習を行う等、学習の自由度が高いです。

私は通勤時間等も活用して学習をしていました。

全て自由というわけではなく、単位取得のための試験は期間の定めがあり、スクーリング等は日時や場所は決まっていますので、ここでは日常の学習面を指しています。

ただ試験やスクーリング以外は、自宅、カフェ、移動時間等を活用しながら学習ができるため、非常に自由度が高い学習計画の立案ができます。

何事も考えて想像していた事に対して、思い通りの結果になるとは限らないと思います。学習のペースを掴むには、実際に入学して学びを進めてみないと分からない部分がありますので、実際を進めながら進捗状況に応じて、臨機応変に進めていく必要があります。

私自身、通信制大学は自由度が高く自分で学習を進められる事にメリットを感じていました。このため想定通り通信制としての学び方のスタイルは自分に非常に合っていましたが、学習の当初から環境に馴染めたわけではありませんでした。

特に入学後に大量の教材が届きましたが、いざ教材を目の前にするとどこから手をつけようかと悩みました。

一通りの各教材の目次を眺めたり、パラパラ捲って見たり始めは手探り状態でした。

科目試験に合格していく事を考えた時、どの程度まで理解ができれば合格が目指せそうか、この学習ペースで良いのか、教材は届いたが全然単位を取得できなかったらどうしようか等、モチベーションは高かったのですが、始めから卒業という目標に向かって集中して学び始められたかと言うと、そうではなく様々な不安や疑問を持ちながらも勉強を進めていました。

第四章
その２

通信制大学に進学するデメリット

学習のための時間を確保する必要がある

自分のタイミングで学習ができますが、それでも学習の時間を確保する必要があります。少なくとも4年間、卒業に向けて学習を進めていく事となるのでモチベーション維持しながら、単位取得等の学習のために、**本来他の事に使えるはずの自分の時間を割かなければなりません。**

社会人の方であれば仕事の業務後や、休みの日の時間を活用して普段の学習や単位を取得するための試験を受ける形となります。

人によっては資格取得のための実習や研修を受講する必要があります。

コンスタントに学習時間を確保しながら、順調に単位取得を進める事ができると良いのですが、学習のリズムとれなくなってくると、勉強の内容が定着しづらくなり、段々と学習を行う事が遠のき、結果的にモチベーション低下が想定されます。

通信制大学を卒業するためにはモチベーションの継続が非常に大切だと考えています。

私も仕事が忙しくなってきた時には、学習が手につかない時期がありました。

順調に単位も取得できていた時期であったため、学習の休み当初は息抜きのつもりで考えていましたが、いざ勉強を再開しようと思ってもモチベーションが上がらず一時期は気持ちが乗りませんでした。

社会の方は普段の仕事の疲れもあるでしょうし、仕事のための勉強時間や思考時間、自分の趣味の時間、プライベートでの付き合いや、自分の気分転換等々、通信制大学の学習以外でも、生きていく中で時間は必要になります。

様々な事に時間を割く事情がある中でも学習の時間を確保して、卒業という目標に向かって努力をしていく必要があります。

学費が必要になる

通信制で通学制大学と比べると学費が安く抑えられるとはいえ、数十万円～１００万円以上の学費は必要になります。

大学によっては数百万円の用意も考えなければなりません。

一例として想定される学費の内訳は以下となります。

・入学選考料
・入学金
・基本授業料
・単位授業料

・スクーリング受講料
・実習費（専門資格を目指す人は）

毎年申請する単位数に応じて単位授業料で変動するため、一気に４年間の学費が必要ではなく、自身の財力の状況に応じて検討が可能です。

単位授業料については簡単計算でいくと１２４単位×単位授業料で計算はできますが、申請した単位が合格できない可能性もありますので当該授業料はプラスで発生する可能性は想定しておく形が望ましいです。

また４年目に１２４単位ちょうどで卒業を目指すと、場合によって一部合格できない科目も出てくる可能性があるため例えば4年目に94単位まで取得しており、後残り30単位の場合等は30単位以上での申請をおススメします。

私は最終１２８単位取得をして通信制大学を卒業しましたが、10単位以上は不合格の科目がありました。余裕を持った単位申請と、必要経費を見込んでおいた方が良いです。

学習を継続する中での葛藤が出てくる可能性がある

仕事が休みの日に大学の勉強等をしていると、この時間は通信制大学の勉強がなければ本来休めるはずだったなど、自分の中で葛藤が出てくる可能性があります。

通信制大学に入学当初は手続きも完了し、教材等も届き、学習環境も整う事でこれから学習を進めていくという意欲が高まってきます。

入学当初は新鮮な気持ちで学習に専念できるかもしれません。

ただ4年という長丁場の中で、徐々に**自分の中で葛藤が出てくる可能性**があります。

例えば記載のような事が思い浮かぶ可能性があります。

・休みの日なのに、他の事ができず自分は勉強をしている

・本来はゆっくり時間を過ごせているはずなのに、勉強の事が頭をよぎる
・今のペースで学習を続けていて卒業ができるのか
・通信制大学に入学する必要があったのか
・払った学費があれば、旅行等もできるのに　等々

順調に学習が進んで単位が取得できていけば、学習意欲も保ちながら卒業に向けて進めていけるはずです。

しかし学習が滞ってきたり、うまく単位の取得が進まなくなってくると、人によって考える事は異なる形かと思いますが、例えば記載したような葛藤が頭に浮かんでくる可能性があります。

葛藤を抱えながらも、前進をしていければ良いのですが、ネガティブな考えが上回り、学習が進められない状態となる事も想定がされます。

簡単に卒業できるようであれば、通信制大学の卒業率はもっと全体的に上がるはずですので、自身の中に葛藤する考えや気持ちが出てきた場合、それは当たり前だと思うようにすると良いかもしれません。

学習をして、課題を提出し、試験を受け、時には再試験を受ける。このサイクルを何度も繰り返していく事は社会人等にとても労力が必要となります。

他の事にもっとお金を使ったり、時間を使える中で、将来の自分の投資のために学習をするわけですから様々な葛藤を感じる可能性はあります。

また通信制のため大学に通っているという実感が湧かないといった点があります。人によっては孤独だと思われ、それが葛藤となる部分があるかもしれません。

第五章

通信制大学を卒業するため

第五章 その1

単位の取得の進め方について

何年間で卒業するかを考えておく

できれば何年で卒業を目指したいのかを決めておくと良いです。その期間は少し余裕を持たせておいた方が後々あせらないで済みます。

4年で卒業を目指す学習ペースと、5年や6年在籍して卒業を目指すケースだと単位の取得数等、年間の学習計画が変わってきます。

4年で卒業をしたいが、1年目は様子を見て少なめに単位申請をすると後々のペースを上げる必要があります。

長い期間をかければ大丈夫と、後先考えずに単位申請をしていると、卒業までの単位が積み上がらず、後から時間を投入しなければならず無理な計画で頑張らないといけません。
但し、後から学習計画を追い上げて単位を取得するとしても、通信制大学毎に年間で申請可能な上限単位数の定めがあります。

極端な話3年間で64単位を取得しており、4年目で60単位を取得しようと考えていても、大学によっては年間で取得可能な単位数が40単位まで等と設定されている事もあるので希望が叶わない可能性があります。

私は4年間での卒業を目指していたため、初年度38単位以上は申請を行い単位取得を行いました。
単位申請した際は単位取得が難しく、全然単位を取れなかったらどうしようかという不安が正直ありました。

単位が取れなければ、当然学費が無駄になってしまう、少ない単位であれば、ダメージも同じく少ないのでしょうがそれなりの数の単位申請をしたので、失敗した時に金銭的にも、メンタル的にも困る状況が想定されました。

しかし、確実に自分が決めた期間で卒業すると考えていたため、単位を落とす可能性があるリスクを取って思い切って記載の単位数を申請しました。

(参考　卒業に必要な平均取得単位数)

・4年間で卒業する場合：年間平均31単位取得
・5年間で卒業する場合：年間平均24.8単位取得
・6年間で卒業する場合：年間平均20.6単位取得

時間を掛ければ年間の取得単位数は軽減しますが、例えば5年と6年と比べた場合、1科目か2科目単位分の単位を取得できれば1年卒業期間が短縮できそうです。

私は初年度一番モチベーションが高い状態でした。

また1年目は他の年に比べて、申請単位数並びに取得単位数も多く取得できました。

私が4年間で卒業ができたのも、初年度で単位が取得できて気持ち的に波に乗れた事は非常に大きかったです。

資格取得についても考慮しておく

資格取得を目指さなくても大学は卒業できますが、取得したい資格がある場合は事前に単位の取得計画等を考えておくと良いです。

時間的負担や労力は大きいですが確実に取得したい資格がある場合は、資格の受験資格を得るための単位取得や、実習等も考慮をした学習計画を立てておく必要があります。

資格も取得したいと考えているが、大卒資格取得が優先の場合は一度通信制大学を卒業してから、再度入学を行い資格取得に必要な単位を取得する手もあります。資格取得に関してはご自身の中で、優先順位を考えてご検討下さい。

ちなみに私は福祉系の通信制大学だったため、社会福祉士の受験資格取得を目指す事も可能であり興味はあったのですが、卒業を優先し資格は目指しませんでした。

このため特段資格が必要な状態ではないのですが、今でも時々時間を工面すれば、目指せる状態ではあったと考えるため、都合を調整して資格取得も目指せば良かったと考える事があります。

頑張れば並行して資格も目指せる環境であれば、卒業時の満足度や仕事の選択の幅を広げられる可能性が高まり、後々の後悔の可能性が減りますので、都合が調整できるようであれば、是非チャレンジをおススメしたいです。

前倒しの単位取得も検討してみる

学習を行う上でモチベーションが非常に重要になります。

入学初年度はモチベーションが高まっている可能性も高いため前倒しの単位取得も検討して

みる。

4年以上の期間で卒業を目指す場合は、初年度は様子見るという意味で申請する単位数を抑える方法があります。

例えば初年度は取得単位を無理のない範囲の数に抑えて、学習の進め方や単位を取得していく感覚を掴めたら、2年目以降に取得する単位を加速する方法もあります。

こちらの方法は張り切って数十単位を申請したものの、いざ学習を始めてみたら、とても申請した単位を取得仕切れないといった状態となる可能性もあり得ますので、始めに学習が進まない可能性を鑑みてリスクを抑えた方法です。

ただ4年間で卒業を目指す場合、できれば3年間で100単位以上は取得しておき、4年目は確実に卒業できる形までもっていけると良いと考えます。

通信制大学の難しい点として、初年度にどの程度自分は単位を取得できそうか、判断ができかねる状態で科目の登録を進める形となります。。**リスクを避けるのか、それともリスクを取って卒業までの時間的部分を優位的に進めていくのか、**この辺りは自身と向き合い判断が必要です。

実際に単位取得のための科目終了試験に受かり、単位取得をできるととても嬉しいです。

単位の取得のために都度試験を受ける大変はありました。時には単位を落とす事もありましたが、一方で単位の取得の積み上げが次も頑張ろうという気持ちに私はなりました。

単位をコツコツ数年間積み上げていく。それも社会人の方は働きながら学習を進めていく事になるため、**始めは様々な事と折り合いをつけながら、**環境に慣れていくので、長い道のりに感じるかもしれません。

私自身がそうだったのですが終わってしまえば、あっという間でした。恐らく夢中になって取り組んだからだと思います。

最終的に１２４単位以上を取得する頃には、やり切ったという事実が大きな自信に繋がります。

第五章
その2

学習を継続させるコツ

卒業後の自分の姿をイメージする

学習を継続させるためには卒業後の自分の姿をイメージする事は非常に大切です。

もしかしたら現在大卒では無い事に、何かモヤモヤした感覚を感じているのかもしれません。それが通信制大学を卒業する事で自分がどのように変わりそうか。

プラス思考で考えると、気持ち的にはモヤモヤが晴れていて、学んだ領域の知識が深まり、新しい仕事に着いているかもしれません。

またもっと自分に自信がついている可能性もあります。

良い方向に向かっていると思う事が大切だと考えます。
自分を良い方向に導いていくために、コツコツと学習を積み重ねていく。
人によってそれは楽しい事かもしれませんし、逆にしんどい事かもしれません。
場合によっては途中で辞めてしまいたいと考えるかもしれません。

モチベーションを高めるために、**卒業後の自分が良い方向に変わっている姿をイメージする。**
実際に単位を取得できるたびに、卒業への目標が近づいている感覚も味わう事もできます。

私は抱えていた大卒では無いというモヤモヤを晴らすために何としてでも卒業をしたかったので、以下のような内容をノートに書いていました。

- 大卒後は抱えているモヤモヤが晴れている
- 大卒後は今よりも自信を持っている
- 大卒後はさらに仕事で活躍している

自分の考えは仕組みによってコントロールも可能だと考えます。考え方次第で変えられるため、これらのモヤモヤや自信という点は大学を卒業しなくても自分の頭で思っている事は、工夫次第で気にならないように変えられるかもしれません。

ただあえて、自分は大卒にならないとこれらが解消されない、だから頑張らないといけないとメンタル的に縛って学習を頑張っていました。

通信制大学を卒業後、自分は変化している。より良くなっているというイメージを持って、学習を進めていく事をおススメしたいです。

あと**やる気というのは、行動により後から出てくる事**があります。

私の場合はその日は学習する気が乗らないという日に、テキストを眺めるだけにするという時もありました。

不思議なもので、一度テキストを開くと勝手に学習モードのスイッチが入り、この言葉の意味は何だ?となり調べが進み、いつの間にか小一時間学習している等が多々ありました。

気持ちや、環境を整えて学習を進める事も大事ですが、やる気がでない時は逆に肩の力を抜いて今日は頑張らない、でもテキストを眺める程度はしよう、レポートも数行だけ書こう、動画も数分だけ見ようという気持ちで臨むと案外学習が捗るかもしれません。

また**運動もおススメしたいです。**例えば散歩をすると頭がフレッシュな状態になるため、学習モードに切り替えやすくなります。

とにかく頑張ろうと気合を入れる事も大事ですが、学習が進むような仕組みを考えて、時には肩の力も抜きながら、取り組んでみるのも良いです。

相談できる人を作る

相談できる人を作る事も学習を継続させるコツだと考えます。

同じ通信制大学に通う学生の方とスクーリング等で出会い、連絡先などが交換できればお互いに相談ができます。

今なら直接会わなくても、スマホやタブレット、ＰＣ等を使ってＷＥＢでのコミュニケーションもしやすい環境が整っています。

大学によっては学内ＳＮＳを導入しており学生間でコミュニケーションができるためその中で人と繋がる事も可能です。

また大学側では相談窓口を設けている所もあるためオンラインや電話、直接出向く事ができれば対面等でも相談ができますので自身の学習状況に応じて活用をおススメしたいです。

基本は自習中心の学習のため、疑問点や不安な点は随時出てくる可能性があるので、同じ学びをしている学生や、大学の相談窓口で繋がりを作っておくと良いと思います。

他にはご参考に近畿大学通信教育部では通信教育生が協力し合って学び合い、卒業を目指す「学習会」が開催されています。

中央大学法学部通信教育課程では通信教育生が自主運営する組織の「学生会支部活動」が開催されており、学生同士の情報交換の場となっており。北海道から九州まで各支部が設けられ、各拠点毎に支部活動の頻度は違うようですが、学生同士の交流の場があります。

学習状況を発信する

自分の周囲の人、家族、友人、職場等で自分の学習状況を共有したり、ブログやＳＮＳ等でも発信する方法もあります。

他者に話せば自分の現状を整理ができますし、話の話題にもなります。**周囲に話す事で、簡単には辞められない**なという気持ちにもなるのではないでしょうか。

私もこのような形で、周囲に通信制大学の学習について伝えていたため、自然と頑張らないといけないという気持ちを保てました。

またインターネットを活用してブログやSNS等で発信する方法もあります。ブログの情報が溜まってくれば、これまで自分が学習してきた情報が蓄積できてくるため、自分の頑張りが記録となり振りができ自信にも繋がると考えています。

目的がアクセス頻度を上げて沢山の方に見てもらいたい場合は別ですが、備忘録とする場合は、更新の頻度は自分が気の向いた時で良いのではないでしょうか。時間が空いた時、頭の整理をしたい時にアウトプットする場を作っておく。文字数は短くても良いでしょうし、頻度もたまにでも記録をしておけば、モチベーションが低下した時等に見返す事で、自分がやってきた事が記録として残るため学習への意欲を取り戻せる可能性があります。

あと外部への発信以外だと、私も良くやっていたのですが、**自分の頭の中だけで考えているよりも紙やノートにその時の考えの記述**をおススメしたいです。

頭で考えている事は抽象度が高い事が多いのですが、書き出す時には具体的になって、見える化できるため思考の整理ができます。

頭がクリアになれば、より集中力が上がり学習効率も高められます。考えを外部に発信したり、自分の手元の作業としてアウトプッする事も良いと考えます。。

第五章
その3

途中で挫折しないために

将来の自分への投資と考える

社会人の方だと日頃の仕事で疲れている中でも学習を行う事が想定されます。

時には入学した通信制大学を辞めてしまいたいと考える事もあるかもしれません。

そんな時は将来の自分への投資だと考えてみてください。

先述したように将来より良い状態になっていると考える等、プラスの想像が大切だと考えます。

例えば卒業のためには直近の学習を継続しなければならない等の辛い事だけ考えると。

・あと数年間は学習を継続しなければならない
・学習のために他の事を我慢しなければならない
・金銭的に余裕が無い状態で学費にお金がかかる
・このまま学習を続けて卒業できるか分からない

もしかしたらこのような考えが浮かぶ事もあるかもしれません。

目先の置かれている自分の状態だけみると、卒業は数年後で単位を積み重ねのために努力が必要となる。

直ぐに大卒の資格を得る事はできないため、デメリットばかりがあるように感じてしまうかもしれません。

学習している事を楽しむや、科目試験に合格していく事を、モチベーションにできるなど、卒業までのプロセスが自身の力になっていると感じられる方は、学びが楽しくメリットを受けていると思われるかもしれませんが、あくまで大卒資格が目的の方は、卒業までの途中のプロセスはデメリットを強く意識されるかもしれません。

大卒の資格は直ぐには手に入りません。入学はしたが中退される方もおられるのも事実です。私自身は気が長い方ではなく、結果を早く出したいため、何か見える形で結果がほしいと思うタイプです。

コツコツ何かを成し遂げるために時間を積み重ねる行動は元々苦手でした。今は辛抱強く物事に対して時間を掛けて向き合えるようにはなってきていると感じてます。

この点については年齢を重ねてきた事もあるとは思いますが、通信制大学を何とか卒業できた事が非常に大きいと思っています。

学ぶ中で努力を積み重ねる事も**長い人生で見た時にはいずれは過去**であった事という思考が働くからです。

通信制大学に進学する事は**将来の自分への投資**。何かリターンを得るには投資をする事も大切です。

先行投資をしているとの思考で考えてみてはいかがでしょうか。

是非今頑張って先のより良い未来を自分自身の努力で作っていきたいものです。

最長で8年～12年は在籍できる

自身の学習の進捗状況に応じて在籍期間の延長で確実に卒業を目指せます。

無期限で在籍できるわけではなく、在籍可能な期間には制限があります。

延長可能な期間は通信制大学によって異なりますが、最長で8年～12年の期間在籍ができます。

必ず4年間で卒業ができなくても、時間を掛けて卒業を目指せるため少し余裕を持った学習計画の検討も可能です。

入学当初は学習を進める事に支障が無い状態であり、学習する環境が整っている場合でも、生活としていれば自分では予測ができない出来事が出てきたり、考え方が変わる事もあるため、在学中に仕事を退職や転職、または他の事情で学習を行えない状態となる可能性があるかもしれません。

途中で通信制大学を辞めてしまえば、学歴は変えられませんが、単位取得のための時間を見合いで卒業を実現できる可能性を高められます。

但し、在籍期間最後の年での学習計画を立てると、最後の在籍年で必要単位が取れない可能性を考えるとリスクがあるため、できる限り前倒しでの計画を立てる事をおススメしたいです。

場合によっては通信制大学を変える事も考える

できれば入学した通信制大学で卒業を目指したい所ですが、大学側が提供している学習内容や仕組みや難易度が合わないといった点もあります。

もし在籍を続けていても、単位の取得が難しい場合は、思い切って大学を変える事も有りだと考えます。

ポイントは自分の工夫や努力次第で単位を取れそうか、もしくは取れなさそうかといった点が判断基準です。

例えば初年度単位取得が難しかったが、もっと学習時間を投入すれば結果が変わりそうな場合で、工夫次第で改善ができそうな時等は継続しながら様子を見ても良いかもしれません。

一方でさっぱり単位が取れず、抑々自分の学力と大学側の試験レベルが見合っておらず改善できそうな点が無い場合は大学を変える選択肢もあります。

在籍している通信制大学での諸経費含めて支払っている状態のため、大学を変える事は、さらに追加で費用も時間的な手間も必要となるため簡単な事ではありません。

ただ大卒資格を取得するという目的があるならば、このような選択肢も持っておいた方が良いです。

事前に情報収集を行い、自分の考えを整理した上での大学選びや、場合によっては科目修習生として在学する等をして、ミスマッチの可能性は下げる事ができます。

通信制大学は全国で40校以上有り、学習コンテンツは様々ですので、決断は容易ではありませんが再入学予定の大学選びは時間をかけて検討をおススメしたいです。

生きていれば挫折や失敗する事もあると思います。でも失敗してもそこから学んで、あきらめずに挑戦すれば良い。挑戦をして遠回りしてでも、結果的には失敗を成功に繋げていきたいものです。

第六章

通信制大学に関しての
キャリアアップや就職について

第六章
その1

就職先などの選択肢が広がる

大卒以上の求人にも応募ができる

通信制大学の卒業の実現で、大卒以上の求人にも応募する事ができ就職先の選択肢を広げる事が可能となります。現在高卒社会人で、学歴が大卒になる事で転職を考えてる方もおられるのでないでしょうか。

企業によっては、募集求人の学歴条件を大卒以上としている企業もあります。

従って業界または業種によっては、学歴がネックとなり就職が叶わない可能性が出てきます。

もちろんそういった企業にも応募希望もできるでしょうが、ライバルは大卒である事を想定すると、職歴にもよると考えますが応募した先の面接等への選考に進む可能性は厳しいのではないでしょうか。

大卒以上の条件の企業は選択肢から外し、そもそも応募をしないという方法もありますが、自身が希望したい職種で求人募集している企業の選考条件が学歴を大卒以上としていた場合選択肢を狭めてしまう事にもなります。

通信制大学を卒業すれば、このような事は気にせずに**大卒以上が条件の企業にも応募**が可能となります。

新卒であれば、卒業した大学の知名度や、偏差値等は就職するための重要な要素の一部であると考えますが、**社会人になれば経験してきた職歴**で勝負ができます。

私は高校在学当時、高校側の求人により新卒での就職も考えました。

しかし求人募集を頂いた企業には大変申し訳ないのですが、学校側より提示の求人は給与的には厳しく、仕事内容等も選択肢が狭かった状態でした。

結果的には在籍していた高校には頼らず、自力で就業先を選んだ結果、正社員として就職はしましたが自分がやりたい仕事というより、自分が就ける観点で仕事を選びました。

社会人経験が無い内は、職歴や業務スキルが無く、世の中も知らないためこのような仕事の選び方も、有りだと考えています。実際に働いて見ないと分からない事は沢山あります。

ただ社会人経験や年齢を重ねた時に、いざ転職活動を進める際には**可能性は広い方が人生の満足度は向上**できると思っています。

私は何度か転職しておりまして、高卒の状態であった時の転職活動の際は感覚的に狭い選択肢の中から、選ばざる得ないような感じで動いていました。

例えば新卒の学生の求人情報となりますが、リクルート社提供の「第40回 ワークス大卒求人倍率調査（2024年卒）」では全国の民間企業の求人総数が前年の70・7万人から77・3万人に増加したとの記載があります。

一方で厚生労働書の提供の「令和5年度「高校・中学新卒者のハローワーク求人に係る求人・求職状況」取りまとめ（7月末現在）」では求人数：約44万4千人で、前年同期比10・7％増加との情報があります。

新卒の採用だけを比べた際に、学歴によって求人数が違う状況となります。

高卒の時は、感覚的に自分の就ける仕事は非常に狭いように感じていました。

それは求人情報等でも一定数の学歴でのフィルターがあった事もありますが実際に学歴が変わった後と比べると、可能性が広がった感覚がありました。

現在はＩＴ関連の会社で法人営業職に従事中です。今の会社への転職活動の際は通信制大学も卒業しており、大卒の状態になっていたため気持ち的にも、高卒時の状態よりも選択肢が広がった状況から選べる状態だと感じていました。

自分が選びたい仕事の幅が広がる

就職先の選択肢を広げる事ができるため、働きたい職種や仕事の幅が広がります。
経済産業省が公表の令和3年の経済センサス－活動調査で法人企業は約178万社と記載をされているように世の中には沢山の企業があり、色々な仕事があります。

各企業によって売上や在籍社員の数等、規模が違いますし積極的に人材を採用しているか否かといった点はありますが、企業の求人で大卒以上という条件を採用条件としている企業もあるため、学歴が変わる事で選びたい会社や仕事の幅を広げられる可能性が上がります。

特に企業の技術職や総合職といった仕事は高度なスキルを求められるため、一定レベル以上の学習を行った人材を求めている観点で、働く人材の学歴を大卒以上としているケースがあります。

技術職の場合は大卒のみならず、職種によっては理系卒も条件となる可能性はありますが大卒になる事でこれらの仕事にもチャレンジできる土俵に乗れます。

実際に希望する仕事の選択肢が広がるだけではなく自分の中で自信が付き、**メンタルブロックが外れる事**で、行動に繋がる感覚を得られると考えています。

このため学歴が大卒に変わる事で結果的に仕事の幅を広げられるのではないでしょうか。

自分の中の可能性を広げるのも、狭めるのも自分次第です。**事実として学歴が変わる事は、自信を高め行動するための材料**となると考えています。

待遇面のアップも期待ができる

独立行政法人労働政策研究・研修機構が公表の「ユースフル労働統計2022」より
大学・大学院卒の男性の生涯年収は2億6190万円、女性は2億2400万円。
高校卒男性は2億5000万円、・女性は1億4960万円。
それぞれ男性、女性と学歴によって生涯年収に差があります。

高卒の方でも大卒以上の収入を得ている方もおられるとは思いますが、全体的には大卒は高卒に比べてより好待遇の仕事に就ける可能性が高いのではないでしょうか。

また仕事に就いてからは、通信制大学で学ぶ中で学習した知識や単位を取得するためのレポートの記述で身についた論理的な考え方などを仕事での実務に活かし、評価や役職が上がる事で待遇が上げられる可能性があります。

仕事では普段の業務を遂行する中で学ぶ事が多々あると思いますが、勉強への知的好奇心が高いと積極的な学びに繋げられるため、結果的に仕事への適応力や能力も高くなるのではないかと考えています。

したがいまして、大卒になる事で待遇が期待される企業で働く事ができたり、通信制大学の学びの中で培ったスキルを、実務に活かして結果を出す事での待遇アップ等が考えられます。収入が増えると、さらに自己投資ができますので成長のサイクルを回し続けられます。

今はインターネットを活用すればやり方次第では、無料で様々な事が学習できます。一方でお金を使わないと学べない事もあります。**成長していくために必要な事には自分に投資をする事も大切ではないでしょうか。**

第六章
その2

専門資格の取得ができる

専門知識の深堀ができる

それぞれの専門の学部で学ぶ事になるため、専門知識について深堀ができ、専門資格等も取得できる可能性があります。

例えば法学部、理工学部、教育学部、経済学部、商学部、福祉系学部、文学部、医療系学部、芸術系学部等の学部がありますので、専門分野の知識を深める事ができます。

また資格は保育士、図書館司書、公認心理師、社会福祉士、建築士、精神保健福祉士、学校図書館司書、臨床心理士、日本語教師、教員免許等の専門資格を目指す事ができます。

但し資格に関しては以下の考え方があります。

・必要単位の取得で、取得ができる資格。
・必要単位の取得で、資格試験を受験できる権利を取得。

少し補足すると、例えば教員免許であれば単位を取得したあとに必要な書類を添えて、各都道府県の教育委員会に申請を実施。各都道府県や市町村、各学校で実施の教員採用試験に合格し、並び採用されると働く事ができます。

社会福祉士であれば通信制大学等で資格を受験するための権利を取得し、試験の受験並びに合格した後に社会福祉士として登録申請が必要となります。

また入学後とはなりますがスクーリングでは、自身が学ぶ領域の資格を既に保有されている方が参加もされる事もあると思います。現場での生の声を聞く事や、アドバイス等も頂ける可能性があります。

今の時代インターネットで調べれば、手軽に情報が入手できますが、全て自分が得たい情報が網羅されているとは限りません。

直接的な情報に触れる事で、より対象とする資格に対しての理解が深められます。ネットからの情報だけに限らず、様々な角度から情報を仕入れたいものです。

もちろん資格によって取得するための難易度が違う事と、資格は取得して終わりではなく、取得してからいかに生かす事ができるかが重要です。自身の目指したい方向と取得のための労力を鑑みてご検討下さい。

キャリアチェンジできる可能性がある

取得した専門資格や知識を生かしてこれまでと違った仕事に就くなどキャリアチェンジができる可能性も出てきます。

キャリアチェンジについては自身が未経験の業界もしくは職種に転職等が一般的と考えますが、先ほどご紹介した教員免許を活かして、学校で教員としての働く可能性を得たり、社会福祉士の資格を生かして福祉施設等で働く等、現在自身が働いている職種とは違った仕事にキャリアチェンジできる可能性があります。

資格を取得すれば、必ず新しい仕事に就けるわけではありませんが、例えば保育士や教員免許は教育施設等で働くために必要な資格になりますし、未経験の分野で働きたい場合、その分野の資格を持っている事で仕事に就くためのアピールにもなります。

自分の中でその資格の取得がこれだけ**頑張って努力したのだから何とか取得した資格を活かしたい**、という考え方のベースにもなり、行動する上での理由となります。

何事も行動を起こすためには、何か材料となる理由や根拠がある方が自分を突き動かす部分があると思いますが、資格もそういったエネルギーとなる要素となる可能性があります。

キャリアチェンジを目指して転職活動をする場合、資格だけではなく、職歴やコミュニケーション能力の兼ね合いもありますので、資格は武器になる可能性がありますが、それだけではなく他の働く上でのベースとなる必要なスキルも磨きたいものです。

また資格によってキャリアアップを狙える可能性もあります。現在働いている業界や職種の中で資格を取得する事で、より上位の立場で転職ができたり働いたりできる可能性があります。

資格は少なからず、資格取得のための学習を通じて知識は得られますが、必ずしも収入がアップしたり、希望する仕事に就けたり、万能に働くものではないと考えていますので、資格に対して過度な期待は控えた方が良いとも考えます。

時間や努力を掛けて資格を取得したが、役に立てる事が出来なかった、もしくは希望する仕事には就けたが業務内容が自分には合わなかったという事が十分あり得ます。

自身の目指したい業界や職種等を十分調べる事と、自身の考えの棚卸等を行い、自己分析をしながらできる限りミスマッチする可能性を減らす努力が必要です。

一方でやってみて、実際にその環境の中に飛び込んで始めて知る事は生きていく中で沢山あります。

様々な情報の吟味も大切ではありますが、キャリアチェンジは実現するために非常にエネルギーが必要となる事が想定され、自分の気持ちが乗っている時に行動を進める事も大切です。

第六章
その3

大学院などへの進学も目指せる

大学院への進学も検討できる

通信制大学を卒業後はさらに専門的な知識やスキルを身につけるために大学院への進学も検討ができます。

大卒の資格を得られれば、大学院への進学等が可能となりさらに自身の学歴を高める事も可能になります。

例えば大学院に進学するメリットとしては以下が考えられます。

・専門分野について深く学習ができる

・教員や他の学生等との繋がりができる
・研究テーマのまとめにより、思考の深堀ができる
・働く選択肢が広げられる可能性がある

通学制に通う場合、進学する先の内容にもよりますが通常2年間は日中での学習となります。このためデメリットとしては現在の仕事を辞める必要があるかもしれませんし、また学費の工面や生活費の算段等も必要となります。

現在社会人の場合、仕事を辞めた場合は職歴が空く形になりますのでメリットとデメリットを鑑みた上での検討となります。

個人的には大学院までは進学しなくても、働く上では支障が無いと考えておりますが、よりスキルアップを目指せる点や大学院卒という肩書がある事で、自分の自信にも繋がると考えます。

但し大学院に進学はしたが、後から行く必要が無かったと考えており途中で辞めてしまうといった事とならないように、進学する事の必要性はじっくり検討をされた方が良いです。

学歴ロンダリング

有名大学院に進学する事で学歴ロンダリングを目指せ、最終学歴によってはブランド力をアップも可能となります。

大学は通信制でも、有名大学院を卒業すればそちらが最終学歴となるため対外的に学歴をアピールする事ができます。

大学院の試験は一般入試と社会人入試等で分かれており、それぞれ出願資格に応じて受験が可能です。

試験科目は進学する大学院にもよりますが「志願理由書」や「研究計画書」等の書類選考で

行われます。

・志願理由書：大学院の学習を通じて、何を得たいのか等を記述
・研究計画書：研究の目的や内容等を記述

センター試験のように多数の科目がある広範囲でボリュームのある学習は必要ではないため試験の対策はしやすいのではないでしょうか。

個人的には有名大学は学生時代より好成績を取る人が進学をする大学とのイメージを持っていますが、有名大学院は対策をキッチリすれば、一般的な学力の方でも対策次第で入学を目指せる可能性があると考えています。

受験での競争となるため必ずしも入学ができるとは限りませんが、学歴ロンダリングを実現できれば、かなりの満足度を得られるのではないでしょうか。

大学院も通信制がある

通信制には大学院もあります。通信制大学と同様に書類審査や面接等が実施されますが、専門科目試験や外国語試験が必要な通信制大学院もあります。

働きながら学歴を変えたい場合、大学院にも通信制があります。通信制大学院は１９９８年に文部科学省で制度化されました。

私立大学通信教育協会のサイトによると現在26の通信制大学院があります。

通信制大学と同じく、在宅での学習がメインのため現在働いている社会人等も学べます。

卒業する事で修士を取得ができますし、さらに博士課程にも進学ができます。

教育訓練給付制度等を利用する事により、学費の補助として利用できる可能性もあります。

もし進学を検討される場合は、ご自身が支給の対応となるか確認をおススメします。

学習方法については通信制大学と近しい形となります。

・本等の印刷学習
・放送授業
・スクーリング
・メディア授業

卒業のための学習期間は通常2年間で30単位以上の取得を目指していきます。
あと修士論文の合格が必要となります。

【入学から卒業までのイメージ】

・志望する通信制大学院の入学願書提出
・書類選考及び入学試験
・合格の場合入学
・履修科目申請

・教材の購入及び入手
・学習開始
・単位取得と並行して修士論文作成
・30単位以上の取得並びに修士論文合格
・修了
・学位授与

通信制大学院によって流れが違う部分はありますが、大まかなイメージは記載したような形となります。

通信制大学は必要書類を揃えれば、募集期限に間に合えば、概ね入学が固いのですが通信制大学院は先述した通り基本的に試験がありますので、対策が十分ではない場合や他の志願者との競争の兼ね合いでは不合格もあります。

昨今では専門職大学院でより分野に特化した学習ができます。

例えば法科大学院では法曹（弁護士・検察官・裁判官）に必要な学識及び能力を身につけられ、企業経営を学べるＭＢＡ（経営学修士）の取得等を目指せます。

特にＭＢＡはビジネスマンに人気です。取得する事で企業の幹部や管理職を目指す方等にとってキャリアップに繋がる可能性もあります。

専門職大学院では様々な企業で努めている方との出会いの場にもなると考えており、そういった方々との人脈が構築できる可能性があります。

自身が努めている業界以外の方と接点を持ち、交流する事で考えを広げるきっかけになりますし、場合によってはビジネスに繋がる事も出てくるかもしれません。

私もＭＢＡは興味あるのですが、時間の調整とお金の工面が必要になる事と目指す事の必要性が明確にできていないため、今時点では具体的には検討はしていないのですが色々と情報収集は行っています。

あとがき

本書を通じて人生で初めて本を執筆しました。

何か自身の経験を本にまとめたいと思い、その中で考えたいくつかのテーマがあった中で今回の通信制大学についてのテーマを軸に企画書にまとめ、形にしたいと動いていた所、日本橋出版さんでご縁を頂き今回の出版の機会を頂きました。

本を書く事は想像していた以上に調べる事や考える事が多く、文字の校正等、やってみて色々と学びがありました。

人生何事も考えるだけでなく、行動してみないと分からない事が非常に多いと思います。

考えているだけでは物事は進まず、正解は一つではないため時には直感や感じた方向で動いても良いのではないかとこれまで生きてきて私自身は感じています。

通信制大学についても、学費が必要になりますし、学習するための時間も必要です。自身の努力見合いとなるため、必ず卒業が約束されているわけではありません。

入学しても、辞めてしまったらお金がもったいないから辞めておこうか。もしくは途中でやりたくなくなったらどうしようか、通信制大学での学びに意味があるのか等々ネガティブな思考も浮かぶかもしれません。

何かを得ようとすると何かを辞めないといけなかったり失ったりする可能性があります。

人生は過去には戻れないので、あとで後悔する可能性があるならば、是非思い切ってチャレンジをしてみても良いのではないのでしょうか。

私も通信制大学に進学、卒業を実現し自分なりの経験を得て、今回のように本を書く機会となりました。

行動すれば、またその先に新たな進むべき道ができると思っています。
本書がみなさんの一歩を後押しするようなきっかけになれば私にとってそれはとても嬉しい事です。

最後に。私の普段の仕事でお世話になっているみなさま。
日頃私を支えてくれている妻、娘、息子、母や兄弟、妻のご両親、そして様々な私の関係者のみなさまに心より感謝を申し上げて本書を締めくくりたいと思います。

みなさまお体に気を付けて、一度しかない限られた人生をお互い悔いの無いように歩んでいきましょう。

中浜　進一

あとがき

参考文献

・スタディサプリ通信制大学　２０２３年度版（リクルートムック）２０２３
・東京未来大学（https://www.tokyomirai.ac.jp/）
・法政大学（https://www.tsukyo.hosei.ac.jp/）
・産業能率大学（https://www.sanno.ac.jp/）
・東京福祉大学（https://www.tokyo-fukushi.ac.jp/）
・放送大学（https://www.ouj.ac.jp/）
・日本福祉大学（https://www.nfu.ne.jp/）
・サイバー大学（https://www.cyber-u.ac.jp/）
・北海道情報大学（https://tsushin.do-johodai.ac.jp/）
・京都芸術大学（https://www.kyoto-art.ac.jp/t/）

・武蔵野大学（http://www.mu-tsushin.jp/）
・産業能率大学（https://www.sanno.ac.jp/）
・八洲学園大学（https://www.yashima.ac.jp/univ/）
・人間総合科学大学（https://www.human.ac.jp/correspondence/）
・株式会社リクルート（https://www.recruit.co.jp/）
・厚生労働省（https://www.mhlw.go.jp/index.html）
・独立行政法人労働政策研究・研修機構（https://www.jil.go.jp/）
・公益財団法人 私立大学通信教育協会（https://www.uce.or.jp/）
・文部科学省（https://www.mext.go.jp/index.htm）

中浜進一
1982年 大阪府枚方市出身
日本福祉大学 通信教育部 福祉経営学部　医療・福祉マネジメント学科卒業
高校卒業後に正社員として働き始め、初めて転職を検討する中で、応募条件が大卒以上の求人を多数見る事で現実を知る。
就業できる仕事の幅を広げるために、学歴を変えることを決断。
通学課程よりも学費を抑え働きながら学ぶ事ができる通信制大学を選択。社会人として働きながら4年で通信制大学を卒業。
複数の転職や起業等も経て、現在はITサービス会社で営業職として従事。
趣味は運動で、スポーツジムでのウェイトトレーニングやキックボクシングジムに通い運動不足解消に努めている。また自己啓発としてFP技能士や衛生管理者、ITコーディネータ等の資格を取得。
資格保有数は20個を超え、現在も新たな学習を継続している。

高卒社会人でも大丈夫　何歳からでも学歴は変えられる

2024年5月1日　　第1刷発行

著　者──── 中浜進一
発　行──── 日本橋出版
〒103-0023　東京都中央区日本橋本町2-3-15
https://nihonbashi-pub.co.jp/
電話／03-6273-2638
発　売──── 星雲社（共同出版社・流通責任出版社）
〒112-0005　東京都文京区水道1-3-30
電話／03-3868-3275

ISBN 978-4-434-33951-6